LA
CRISE DE LA DÉMOCRATIE
REPRÉSENTATIVE

PAR

JOSEPH-BARTHÉLEMY

MEMBRE DE L'INSTITUT

(Rapport fait à l'Institut international de Droit public, session d'octobre 1928).

PARIS

Marcel GIARD

LIBRAIRIE-ÉDITEUR

16, Rue Soufflot, et 12, Rue Toullier

1928

LA

CRISE DE LA DÉMOCRATIE

REPRÉSENTATIVE

LA

CRISE DE LA DÉMOCRATIE REPRÉSENTATIVE

PAR

JOSEPH-BARTHÉLEMY

MEMBRE DE L'INSTITUT

(Rapport fait à l'Institut international de Droit public, session d'octobre 1928).

PARIS

Marcel GIARD

LIBRAIRIE-ÉDITEUR

16, Rue Soufflot, et 12, Rue Toullier

1928

La crise de la démocratie représentative.

Les faits donneraient ample matière à une exaltation des progrès de la démocratie représentative. Il suffirait, pour se mettre dans cet état d'esprit, de considérer la marche des événements politiques au cours de la dernière période de cent ans.

En 1820, il y avait, sur la surface tout entière du globe, trois républiques : la Suisse, les Etats-Unis, et enfin Haïti. Aujourd'hui, on pourrait compter quarante républiques dont quatorze pour la seule Europe.

En 1820, il n'y avait, sur toute la terre, à côté de ces républiques que trois monarchies constitutionnelles : l'Angleterre — *mater parliamentorum* —, la France, les Pays-Bas. Partout ailleurs régnait l'absolutisme. Aujourd'hui, en cherchant bien on n'arrive à trouver que trois monarchies absolues : l'Afghanistan, le Siam, l'Ethiopie. Il y a vingt monarchies parlementaires dans la plupart desquelles le contrôle du peuple s'exerce avec autant d'efficacité que dans les républiques.

Au vent de la guerre, les trônes se sont écroulés comme châteaux de cartes. Il n'y a plus de Romanoff. Les Hohenzollern et les Habsbourg sont de simples particuliers. Avec quelle amplification, Chateaubriand pourrait-il aujourd'hui reprendre sa mélancolique constatation : « chaque matin, je suis réveillé par le bruit de la charrette qui porte à la voirie les débris des trônes renversés au cours de la nuit ».

La marée démocratique monte d'un mouvement continu et submerge progressivement les rares sommets qui la dépas-

saient encore : le shah de Perse est renversé, et remplacé par
un régime innommé ; la Turquie devient république, se laï-
cise, renverse le sultan, comme chef politique et renonce
même à le garder comme Kalife ou chef religieux, malgré la
suprématie que le Kalifat accordait à la Turquie sur les pays
musulmans ; la Chine, en dépit des révolutions, avait conservé dans les palais de Pékin, comme une survivance des
époques disparues, le « fils du ciel », ombre sans pouvoir ;
en 1924, elle renonce même à cette ombre. Le Fils du Ciel
abdique et Mlle Sou-Me-Tcheng, ancienne étudiante des éco-
les d'Occident, prétend faire régner en Chine les principes de
la Déclaration des droits de l'homme et du citoyen ; autour
d'un empereur en jaquette et haut-de-forme, le Japon, en
1925, installe le suffrage universel masculin.

Si l'on ajoute que dans les grandes nations, les idées
d'égalité et de liberté, en dépit de quelques reculs momen-
tanés, paraissent en progrès continu, on est en droit de répéter, avec plus de raison que jamais : « la démocratie coule à
pleins bords » en mettant à cette parole, chacun à son gré,
l'intonation qui marque la satisfaction ou le regret. Le fait
existe. Les vieilles monarchies disparaissent ou s'effacent
pour se faire tolérer. L'humanité est vraiment entrée dans
un nouvelle ère politique. La démocratie triomphe.

Et pourtant la « crise de la démocratie représentative » est
la question partout à l'ordre du jour. Les journaux lui con-
sacrent des articles quotidiens ; l'union interparlementaire a
inscrit le problème à son ordre du jour : et voici qu'à son
tour l'aborde l'Institut international de droit public.

C'est que, en effet, malgré la formidable multiplication des
gouvernements populaires, il y a une crise de la démocratie
représentative.

Il y a une crise dans les idées, dans les esprits, et, si je puis
ajouter, dans les cœurs. Nos pères ont fait des révolutions
pour avoir la démocratie représentative, on en est à se
demander aujourd'hui qui verserait son sang pour conserver
des Chambres, des députés, des sénateurs. La foi s'en va ;
elle est morte.

Il y a aussi une incontestable crise dans les faits. Dans de

nombreux pays, la démocratie représentative est en recul
devant les formes les plus variées de la dictature.

Enfin, dans les pays où elle subsiste encore, la machine
démocratique fonctionne avec des frottements, des grince-
ment et même des coincements.

Nous ne saurions avoir la prétention de présenter ici ce que
l'on appelle quelquefois, d'un mot assez barbare et préten-
tieux, une étude *exhaustive* de cet immense sujet. Notre ambition serait satisfaite si nous arrivions à offrir un cadre à des
réflexions.

Mais, auparavant, il importe de situer le sujet par le rappel
de quelques définitions.

D'abord, le schéma de la doctrine politique de la Révolution française.

1° La nation est *souveraine*. De la doctrine de la souveraineté de la nation découle notamment la reconnaissance des
droits politiques actifs de l'universalité des citoyens.

2° La nation souveraine délègue ses droits à des *représentants*. Lorsque ces représentants décident, c'est comme si la
nation elle-même avait ordonné.

Dans le système représentatif, l'universalité des droits politiques se traduit par l'universalité du droit de suffrage.

Chaque citoyen agit *individuellement* comme s'il était frac-
tion du souverain.

L'institution fondamentale de la démocratie représentative, c'est donc l'élection.

Il peut arriver que les électeurs désignent les organes
supérieurs du pouvoir exécutif, qui à leur tour désignent les
fonctionnaires — ou bien les électeurs désignent simplement
les législateurs qui, à leur tour, désignent les organes de l'exécutif. Dans tous les cas, toute autorité émane plus ou moins
directement de la nation souveraine et doit donc lui être
subordonnée.

Ce système dont on vient de lire l'exposé volontairement
réduit à ses lignes les plus sèches, se justifie par un raison-
nement dont nous donnons également le schéma : Le propre
d'un être raisonnable est de se conduire lui-même ; le système
de la démocratie est celui dans lequel les citoyens se condui-

sent eux-mêmes ou par des représentants qu'ils choisissent librement ; donc il est le plus rationnel.

Et voici une autre justification également schématisée : le gouvernement par le plus grand nombre est celui qui est naturellement le plus favorable au plus grand nombre ; donc le plus juste.

Telles sont les bases de la démocratie représentative, que l'on appelle aussi la démocratie libérale, ou le libéralisme parlementaire.

Ce système, dont l'ensemble est incontestablement logique et intellectuellement harmonieux, se complique souvent d'une survivance historique : une dynastie.

La Constituante croyait avoir résolu le problème, en proclamant que le roi était représentant de la nation pour l'exécutif.

Mais bien d'autres nations ont conservé la monarchie en établissant à côté d'elle ou au-dessus d'elle le pouvoir du peuple.

De telle sorte que, dans les lignes qui vont suivre, on qualifiera de *démoc* ? tout gouvernement contrôlé par le peuple. L'Angleterre, en dépit de son loyalisme dynastique, est une démocratie ; elle a fait l'expérience, avec Mac Donald, en 1924, d'un gouvernement travailliste. Les dominions sont des démocraties, malgré la présence à la tête de l'exécutif d'un personnage, d'ailleurs purement symbolique, qui est le gouverneur. La Suède est une démocratie ; elle a fait l'expérience, avec Branting, d'un gouvernement socialiste. La Norvège est une démocratie : le roi a appelé un gouvernement communiste qui a dû se retirer devant les difficultés financières.

La République n'est donc qu'un degré plus élevé de la démocratie ; c'est la démocratie où a été supprimée la survivance historique de la dynastie.

Le régime de la démocratie suppose une série d'éléments essentiels :

Le premier, c'est évidemment le consentement de la majorité, librement et régulièrement exprimé. C'est par ce consentement que la démocratie est un gouvernement de droit, un gouvernement légitime.

Le second, c'est la souveraineté de la loi dans les limites de la constitution.

Un troisième c'est la prédominance des assemblées, c'est notamment la règle d'après laquelle les actes les plus importants, ayant un caractère de généralité et de permanence et intéressant la vie de l'Etat, doivent être accomplis par les assemblées élues.

Dès que l'un de ces éléments s'affaiblit ou disparaît, nous nous trouvons en présence d'une crise de la démocratie parlementaire.

CHAPITRE PREMIER

L'ABANDON FORMEL DES PRINCIPES
DE LA DÉMOCRATIE REPRÉSENTATIVE DANS LES INSTITUTIONS

La démocratie représentative et, principalement, la démocratie libérale et parlementaire supposent un état d'équilibre. Or, si les institutions tendent vers l'équilibre, il n'en résulte pas que l'équilibre soit perpétuel. Les oscillations sont fréquentes ; elles ramènent en arrière ou poussent en avant. Ce sont ces oscillations inévitables que l'on qualifie de crises. Les crises sont des éléments nécessaires dans la vie des Etats.

Les événements suivent une orbe marquée, dans la plupart des pays, par une série d'états qui se succèdent suivant un ordre à peu près partout le même et qui, avec les ressauts inévitables par suite de l'intervention de la volonté humaine, rappellent les orbes décrites par les astres dans leur révolution éternelle.

On sort de l'équilibre pour entrer dans le désordre ou la révolution ; la révolution s'achève dans une dictature qui supprime la liberté ; la dictature tend à son tour vers un nouvel équilibre.

Cette loi peut être vérifiée par de nombreux faits dont les plus remarquables sont rappelés dans le tableau ci-dessous :

Ordre	Révolution	Dictature	Régularisation, Atténuation ou Normalisation
Charles Iᵉʳ	République (1648-1651)	Protectorat de Cromwel 1652	Retour de la Monarchie constitutionnelle
Ancien régime	Révolution 1789-1800	Napoléon	Acte additionnel et Restauration
Monarchie de juillet	1848	Napoléon III	Empire libéral et République
Wittelsbach	Révolution	Kurt Eisner	République bavaroise
Hohenzollern	Révolution	Sparkakisme	République
Statuto de 1818	Désordre parlementaire et troubles communistes	Fascisme	???
Tsarisme	Révolution Douma Keronski	Lénine	???
François-Joseph	Bela-Kun	Horthy	???
Monarchie constitutionnelle espagnole	Désordre parlementaire, troubles communistes et anarchistes	Rivera	???

La leçon des faits, c'est donc que, le plus souvent, la dictature naît d'un malaise de l'Etat, du désordre dans les esprits et dans les choses, de la carence d'un minimum d'autorité.

L'anarchie directoriale a appelé Bonaparte ; la faiblesse verbeuse de Kerenski a préparé Lénine ; l'impuissance du parlementarisme italien devant les troubles communistes a préparé Mussolini ; le malaise parlementaire et les troubles anarcho-communistes ont ouvert la voie à Primo de Rivera. A l'inverse, M. Lawrence Lowell peut soutenir que ce qui a sauvé la démocratie américaine de la crise qui travaille tant de pays du vieux monde, c'est que l'autorité a pu y être sauvegardée.

La seconde leçon donnée par l'histoire, c'est l'éphémérité des régimes de force, de violence, de dictature.

Plusieurs grands Etats (ceux qui sont à la fin du tableau ci-dessous) en sont encore à la période de dictature. Nous ne pouvons prédire pendant combien de temps ils y resteront. Chez certains, comme en Italie, la dictature est encore en train d'évoluer et de se confirmer. Cependant, nous sommes autorisés à croire, à l'arrivée, dans un délai plus ou moins bref, d'une période de régularisation, de normalisation, d'atténuation.

Il serait imprudent d'affirmer que la démocratie parlementaire telle qu'on peut l'observer encore dans les Etats qui résistent (Angleterre, France, Belgique, ...) soit une forme absolument éternelle, permanente, intangible du gouvernement des hommes. Cependant, les progrès de la mécanique ne doivent pas faire croire à un changement profond de la nature humaine. L'art grec a atteint un degré de beauté qui n'a été ni dépassé ni même égalé ; on est surpris de l'actualité de Platon et d'Aristophane dans leurs observations sur la démocratie ; et tel passage de Gorgias où Platon reproche aux politiciens de son temps d'avoir rempli « les cités de ports, d'arsenaux, de murailles et d'autres sottises semblables sans y joindre la tempérance et la justice » semble la critique directe du dernier discours de M. Tardieu (juillet 1928) à l'occasion du voyage du président de la République à Carcassonne. On peut donc croire, que les diverses dictatures qui se présentent à nous évolueront, peut-être sans y aboutir complètement, vers quelques-unes des tendances de la démocratie représentative.

Ce serait une erreur profonde que d'assimiler les dictatures actuelles aux régimes que la France a connus avec les deux Napoléon. Le césarisme français confisquait la démocratie, mais en lui rendant hommage ; le principe profond de la souveraineté du peuple était sauvegardé.

Bonaparte fait son coup d'Etat du 18 brumaire; mais très peu de temps après, il soumettait la nouvelle constitution,

issue du coup d'Etat, au vote du peuple qui l'approuvait (loi
du 23 frimaire de l'an VIII). Il rentrait donc, presque aussitôt dans la légalité démocratique et faisait de son gouvernement de fait un gouvernement de droit, suivant les principes
démocratiques. C'est également avec l'approbation du peu-
ple que Bonaparte devint consul à vie et ensuite |empereur.

Le jour même du coup d'Etat, le 2 décembre 1851, Louis-
Napoléon convoquait le peuple dans ses co nités pour le faire
approuver. Le peuple lui répondit par sept millions et demi
de suffrages favorables. C'est encore par un plébiscite que le
prince président se fit conférer la dignité i npériale.

Dans le système Napoléonien, le peuple souverain délègue
ses pouvoirs à un représentant unique qui est l'empereur ;
l'empereur agit avec le concours de la majorité des citoyens.
Le système apparaît surtout avec le Second Empire *qui maintient le suffrage universel* ; et même, un des prétextes du
coup d'Etat avait été la mutilation infligée au suffrage universel par la loi du Trente et Un Mai. Certes, le Second Empire
se montra maître dans l'art de diriger, de maîtriser, et pour
employer l'expression de polémique, de domestiquer le suffrage universel. Mais ce n'est pas un fait insignifiant que pendant toute la durée du régime les électeurs se réunirent dans
leurs comices, et finirent par faire pénétrer une opposition
républicaine dans le corps législatif.

Le mot bien connu de Napoléon III est caractéristique ; il
prétendait ne « sortir de la légalité que pour rentrer dans le
droit ». C'était encore un hommage au droit démocratique ;
le régime napoléonien peut, sans trop d'injustice, être quali-
fié de démocratie césarienne. Aussi peut-il, sans trop de
heurts, évoluer vers la démocratie parlementaire par l'acte
additionnel de 1815 ou par la constitution du 21 mai 1870.

Il y eut un plébiscite douze jours après le coup d'Etat du
Deux Décembre et des élections au suffrage universel quelques
mois après. Le premier acte du gouvernement provisoire, en
1848, du gouvernement de la défense nationale en 1870, est
de convoquer une constituante élue au suffrage universel
(v. Jèze, *Les gouvernements de fait*).

Au contraire, il n'y a eu ni plébiscite ni élection en Russie ni en Espagne; il n'y a pas eu plébiscite en Italie et l'élection s'y anémie jusqu'à disparaître.

Ce qu'il y a de plus grave et de plus caractéristique, c'est que ce n'est pas un simple retard ; ce n'est pas un recul devant les faits ; ce n'est pas l'hésitation, qui serait naturelle, à solliciter une consultation populaire qu'on craindrait hostile ; ce n'est pas l'attente, qui serait, dans une certaine mesure, légitime, de l'heure favorable pour procéder à cette auscultation ; ce n'est pas le désir, qu'on ne serait pas en droit de critiquer trop sévèrement, de préparer l'opinion avant de le consulter. Non. C'est la négation même du principe de la souveraineté populaire ; c'est le mépris dogmatique de l'élection ; c'est, en Russie, en Italie et en Espagne la réaction la plus violente contre la démocratie libérale. L'hommage des Napoléon à la souveraineté du peuple était hypocrite ; mais c'était, quand même, un hommage. Le principe subsistait, comme emprisonné dans un tabernacle. Aujourd'hui, c'est au principe même qu'on s'attaque et le tabernacle est vide.

La dictature n'a pas d'autre prétention que d'être la violence au service d'une idée. « La conception scientifique de la dictature, a dit Lénine, ne signifie pas autre chose qu'un pouvoir qui n'est limité par rien, par aucune loi, qui n'est entravé par aucune règle, qui s'appuie directement sur la violence » (V. Mirkine-Guetzevitch, *Les droits de l'homme en Russie soviétique*, dans *Cahiers des Droits de l'homme*, 25 oct. 1926).

Les pays sont nombreux où la démocratie parlementaire est en recul ou en retard. D'autre part, la dictature est protéiforme. De là, la difficulté d'une étude d'ensemble.

L'Egypte du roi Fouad avait un Parlement et vient de le fermer (juillet 1928). L'Angleterre protectrice déclare qu'elle n'a pas à s'occuper des affaires intérieures de ce pays. Le Portugal saute d'une dictature à une autre avec une telle rapidité qu'il est impossible de les suivre. Une révolution y fait moins de bruit qu'une rupture d'échafaudage à Paris et n'y fait peut-être pas plus de victimes. Il y a « une fièvre méditerranéenne des dictatures ». Dans les trois péninsules, la légalité démocratique est en péril. M. Valdemaras est le maître de la Lithuanie et en profite pour menacer la paix de l'Europe.

En Lithuanie, le dictateur Valdemaras a été porté au pouvoir, au cours de l'année 1926, par un coup d'Etat militaire. Alors que M. Mussolini, à Rome, a commencé de s'entendre avec le Parlement ; alors que le maréchal Pilsudski, à Varsovie, a laissé subsister la diète, M. Valdemaras, à Kovno, a commencé par dissoudre le Seïmen, et il s'est gardé de procéder à de nouvelles élections ; il s'est même gardé de faire procéder au referendum, plusieurs fois annoncé, d'ailleurs, sous l'influence de son entourage militaire, le dictateur aurait déclaré qu'il considérerait sa dictature comme dûment ratifiée s'il avait pour lui le dixième des électeurs. M. Valdemaras est allé à Rome et en est revenu avec le titre de « fasciste d'honneur ». Mais M. Mussolini a déclaré que, s'il changeait le mode électoral, ce n'était pas par intérêt, car le scrutin universel uninominal, affirmait-il, lui donnerait l'unanimité plus un siège ! M. Valdemaras, par un procédé courant pour les dictateurs, cherche la diversion extérieure, et par ses menaces dérisoires contre la Pologne, ébranle la paix de l'Europe. En Pologne, il y a le maréchal Pilsudski ; en Turquie, il y a le Ghazi, Mustapha Khémal. Nous pouvons en oublier.

En même temps que nombreuses, ces dictatures sont extrêmement variées. Tel antiparlementaire bourgeois qui se tourne avec complaisance vers Rome a horreur de Moscou ; tel antiparlementaire prolétarien tourné vers Moscou a horreur de Rome. Or il y a une infinité de points communs entre le bolchevisme et le fascisme : culte de la violence, négation de la souveraineté nationale, appui sur un parti, syndicalisme, etc.

Et cependant, le fascisme a aussi servi de modèle au riverisme espagnol : tendances morales et religieuses, respect de la royauté, pouvoir exercé par le premier ministre.

La dictature kémaliste s'accommode d'une sorte de représentation nationale élue avec un système constitutionnel de pression gouvernementale qui rappelle celui de l'Italie fasciste.

La Grèce prépare le procès du général Pangalos. A la Chambre, au mois de juin 1928, la commission spéciale propose de poursuivre le dictateur pour haute trahison ; elle lui reproche notamment d'avoir, le 29 septembre 1925, promulgué une constitution de sa propre autorité ; d'avoir dissous la IVᵉ Constituante ; d'avoir, en 1926, arrêté les élections pour le Sénat ; d'avoir proclamé sa dictature le 4 janvier 1926 ; d'avoir arrêté, emprisonné, expulsé nombre de citoyens distingués, etc. La Grèce semblait donc guérie de la dictature et, depuis plusieurs mois, le cabinet Zaïmis semblait revenu à la légalité parlementaire ; mais voilà que l'intervention de M. Venizelos contre le ministre des finances Cafandaris semble l'aiguiller hors des règles constitutionnelles. Le cabinet Zaïmis est renversé alors qu'il a à la Chambre une majorité considérable. M. Venizelos, contrairement à la constitution, dissout une assemblée qui est constituante et qui ne peut se séparer que quand elle a terminé son œuvre ; il promulgue un nouveau régime électoral par décret.

La Pologne a un Sénat, élu, une Diète, élue ; elle a un président de la République, un président du Conseil et le maréchal Pilsudski, qui n'a pas hésité à sacrifier de nombreuses vies humaines pour faire triompher son coup d'Etat, a refusé de profiter de la victoire pour s'installer soit à la tête de l'Etat soit à la tête du gouvernement. Il se contente d'être ministre de la guerre et chef de l'armée.

En Hongrie, le régent Horthy prépare ouvertement le retour de la monarchie, il a auprès de lui une Chambre haute qui représente toutes les forces conservatrices ; mais il a aussi une Chambre élue, dans des conditions particulières sans doute (vote public...) mais enfin élue.

On le voit, la méconnaissance de la démocratie parlementaire a des degrés bien différents ; et lorsque l'on est sorti de ses principes on peut s'aiguiller sur les voies les plus diverses.

Après avoir indiqué les traits communs aux diverses dictatures, essayons de dégager les principales lignes particulières des plus caractéristiques d'entre elles.

Section I

Le fascisme (1).

I.

La réaction fasciste a été favorisée par le carence de l'Etat en présence d'un excès de désordre. — Le lendemain des guerres est, pour tous les peuples, même victcrieux, une période particulièrement troublée. Elles laissent des germes d'anarchie ; et en même temps, comme elles soıt l'exaltation de la force, elles préparent les règnes de force

C'est en somme la France, à raison sans doute de la sagesse acquise par une longue pratique de la liberté parlementaire, qui a été la moins éprouvée. Elle a ignoré une crise aussi grave que celle qu'a imposée, à l'Angleterre, la grande grève des mineurs. C'est l'Italie qui a été la plus éprouvée ; elle l'a dû peut-être à sa population proliférante et à la pauvreté de son sol. Quoi qu'il en soit, au mois d'août 1920, les syndicats tentèrent, dans un grand nombre de villes une grève générale suivie d'une tentative de reprise des moyens de production. On se souvient notamment que les ouvriers s'installèrent dans les usines Fiat et en tentèrent la direction et l'exploitation (2).

Le geste était formidablement puéril, puisque les syndicats ne pouvaient avoir ni capitaux, ni crédits, ni débouchés. Mais il était tristement symptomatique de la déliquescence de l'Etat. En même temps, des jacqueries où parfois le clergé se trou-

----

(1) Le fascisme a donné lieu à une très abondante littérature dont on trouvera l'essentiel indiqué dans l'excellente étude de M. Henri Dupeyroux, *La Charte du travail en Italie,* dans *Revue du droit public,* avril-mai-juin 1928, p. 341. Il y a même à Lausanne, un Centre International d'Etudes sur le Fascisme, on Cinef qui publie un annuaire, édité à Bruxelles, par Social Editions. On trouve les principaux textes dans la *Rivista di diritto pubblico.*

(2) Maxime Leroy, *Les techniques nouvelles du syndicalisme,* 1921, p. 155 ; Luigi Villari, *La guerre civile en Italie ue 1919 à 1922,* dans l'Annuaire du Centre International d'Etudes sur le fascisme, t. I, 1928.

vait mêlé, attristaient les campagnes. L'indiscipline paralysait les services publics.

Ces événements créèrent dans le pays un état d'esprit analogue à celui qu'avaient créé en France les journées de juin 1848. Le pays touche le fond de l'abîme ; et il appelle le chef. C'est, dans ces conditions, après la marche sur Rome, que le fascisme put, sans difficulté, s'emparer du pouvoir.

2.

Issu de la force, le régime fasciste est doctrinalement basé sur la force. — C'est la force, non l'élection, qui a rendu le fascisme maître du pouvoir. « On lui a demandé de définir l'Etat, disait M. Mussolini le 7 juin 1924. Avant de le définir, nous l'avons conquis ».

Mais le fascisme ne s'est pas conformé aux précédents français de 1848 et de 1870. Il n'a pas demandé au peuple la confirmation de son pouvoir de fait.

Bien plus, issu de la force, le fascisme aboutit finalement à la force : « Vous savez, dit M. Mussolini au congrès fasciste de juin 1925, ce que je pense de la violence. Pour moi, elle est morale, profondément morale... » Ce n'est donc pas le consentement du peuple qui justifie le gouvernement, mais la force. La puissance publique appartient aux forts. La force est la source et l'instrument du pouvoir. Elle fonde le droit et l'impose.

3.

Le fascisme se présente lui-même comme l'évangile nouveau opposé à l'évangile libéro-démocratique promulgué en 1789. — Sorti de la violence, le fascisme s'est postérieurement développé jusqu'à se présenter comme un système politique. Il n'a pas accompli cette évolution sans contradictions et démentis.

Nous sommes contraint ici de schématiser et, dans toute schématisation, il y a une part inévitable d'erreur.

Dans la période qui suivit immédiatement la marche sur Rome, le fascisme tente de s'installer dans le Statut. Il conserve non seulement le Roi, mais encore le Sénat et la Chambre. Il semble lui suffire d'être le maître du vieil Etat démocratique, dans les cadres de la vieille légalité ; que le fascisme ait la majorité à la Chambre, que le Sénat lui obéisse, que M. Mussolini soit le maître effectif dans le poste de premier ministre, à cela semblent tout d'abord se borner ses ambitions.

Mais il ne tarde pas à s'apercevoir de l'impossibilité de concilier les contraires, la violence et la liberté, la dictature et la démocratie. C'est dans ces conditions qu'il cherche sa philosophie, son idéologie, sa doctrine.

C'est alors qu'il pense à s'opposer au principe traditionnel de la démocratie libérale. Mussolini n'a pas moins de sarcasmes contre la démocratie que Lénine lui-même. Le 7 avril 1926, il disait à Rome : « Nous représentons un principe nouveau dans le monde. Nous représentons l'antithèse nette, catégorique, définitive de tout le monde de la démocratie, ... des principes immortels de 1789... Ce que le peuple français fit en 1789, c'est ce qu'a fait aujourd'hui l'Italie fasciste, qui prend l'initiative dans le monde, qui dit une parole nouvelle au monde ... »

4.

Le fascisme exalte l'exécutif au détriment de tous les autres organes de l'Etat. — Comme il est arrivé pour d'autres régimes que le fasciste, le fait précède l'idée. J'agis, disait à peu près Bismarck, et je suis sûr de trouver ensuite quelque professeur de droit international pour justifier mes actes. Mussolini a agi. Le professeur Rocco, qui a été son ministre de la justice, a été aussi son doctrinaire. Il a publié notamment dans la revue *Politica* (février 1927), sous le titre *La transformation de l'Etat*, un remarquable exposé des conceptions constitutionnelles, philosophiques et sociales qui sont à la base de l'organisation fasciste; on y lisait notamment ces passages significatifs : « Le fascisme restitue à l'Etat le plein exercice de sa souveraineté, c'est-à-dire qu'il raffermit le pouvoir exécutif. Le pouvoir exécutif est effectivement l'expres-

sion la plus adéquate de l'Etat, l'organe essentiel et suprême
de son action. Dans tous les pays, mais spécialement en Italie
la décadence de l'Etat a eu comme manifestation extérieure
l'accroissement démesuré des pouvoirs du Parlement au
détriment du pouvoir exécutif ».

5.

*Derrière une façade comprenant à la fois des survivances du
régime antérieur et des créations nouvelles, le fascisme organise
le pouvoir d'un homme : le Duce.* — Il y a un maître de l'Etat :
c'est le duce, c'est M. Mussolini. Son titre officiel, c'est celui
de « président du Conseil ». Ce titre ne donne aucune idée
de ce qu'il est.

On connaît le parallèle cher aux auteurs anglais. Voilà
d'abord un brillant cortège ; les voitures de gala sont escor-
tées par des cavaliers caracolants ; dans le plus somptueux
équipage, lui-même en pompeux uniforme, se détache le personnage en l'honneur de qui ce cortège a été constitué et
que la foule salue ou acclame. C'est le Roi. — Puis, en
modeste équipage ou même à pied, arrive un autre personnage, habillé comme tout le monde et que personne ne remar-
que : c'est le premier ministre. Le premier ministre a la réalité du pouvoir ; le roi n'en a que l'apparence.

Ce parallèle classique serait singulièrement insuffisant
pour définir la position du premier ministre en Italie fasciste.

M. Thiers, pour définir sa conception du chef d'Etat parlementaire a lancé la formule : « le Roi règne et ne gouverne
pas ». Peut-on affirmer que le roi d'Italie « règne » ? Ce n'est
pas absolument certain. « La forme monarchique, a déclaré
M. Mussolini, est parfaitement en harmonie avec le régime
fasciste ; Notre Souverain, très aimé de tous les Italiens s'ac-
quitte de ses fonctions avec un tact extraordinaire, comme il
convient à un pouvoir modérateur » (*Temps,* 12 déc. 1926).
Pour définir en quoi consiste effectivement, pratiquement ce
pouvoir modérateur, les éléments précis nous font défaut. Le
monarque apparaît comme une simple survivance de l'Italie historique et comme le symbole de la tradition. Il est

comme l'image pieuse clouée sur la porte de la maison. « Le blason de la maison de Savoie, dit très heureusement M. Edouard Helsey, orne encore le navire *Italie*, mais c'est bien Mussolini qui, comme disent nos gens de mer, est à bord maître, après Dieu ». L'Angleterre laisse au roi le faste et les gestes du pouvoir; on ne peut en dire autant de l'Italie fasciste.

Le président du Conseil ne peut être assimilé à aucun autre des personnages que présente l'histoire ou le droit constitutionnel comparé. Il ne peut pas être assimilé au plus important des ministres d'un simple Etat constitutionnel comme la République des Etats-Unis ou l'Empire germanique d'avant 1914; il ne peut pas être rapproché du chancelier. Il n'a au-dessus de lui ni président ni empereur, constate M. Rocco.

Il n'a pas non plus le roi. Le Roi ne l'a pas choisi; il ne peut pas le révoquer; le duce n'est pas responsable envers lui.

M. Rocco ajoute que le Duce n'est pas davantage assimilable au président d'un Etat purement parlementaire comme la France ou l'Angleterre... En effet, le Duce ne dépend point d'une majorité parlementaire. Il est donc sans supérieur et sans contrôle; il est le maître absolu.

Le « premier parlementaire » est *primus inter pares*. Le Duce est supérieur hiérarchique des ministres. C'est lui qui les nomme et les révoque. Et il n'hésite pas à user de cette dernière prérogative. Jaloux de son autorité, il détient à lui seul sept portefeuilles ministériels; quant aux grandes fonctions qu'il ne peut lui-même exercer, il tient à ce qu'elles ne se stabilisent pas trop longtemps dans les mêmes mains; c'est ainsi qu'il vient de révoquer le comte Volpi ministre des finances. Les ministres ne sont que les plus immédiats et les plus élevés de ses subordonnés : « Il dirige leur action, tout en conservant par devers lui la direction de la politique générale... Le Conseil des ministres est un organe de délibération et de consultation. Au premier ministre, l'action ».

Cette situation exceptionnelle du premier ministre est soulignée par ce fait que sa personne et son autorité sont l'objet d'une protection légale particulière, analogue à celle qui, en d'autres pays, entoure le chef de l'Etat et qui, en somme, dérive de l'institution de la lèse-majesté. En vertu d'une loi

fascistissime votée au début de l'année 1926 quiconque
« attente à la vie ou à l'intégrité du premier ministre » est
puni des travaux forcés à perpétuité ; quiconque, « par la
parole ou par les actes aura *offensé* le premier ministre »
subira une peine qui pourra aller jusqu'à trente mois d'em-
prisonnement ; en fait cette disposition a frappé des individus pour des propos peu graves et non publics...

6.

*Le régime fasciste s'appuie sur un parti qui aspire à être le
maître de l'État.* — Le régime de Moscou s'appuie sur le parti
bolchéviste ; le général Primo de Rivera a tenté de s'appuyer
sur le parti de l'Union patriotique ; le fascisme s'appuie sur le
fascio.

La démocratie parlementaire suppose des partis, au moins
deux, au mieux deux seulement, qui luttent l'un pour conserver le pouvoir, l'autre pour s'en emparer. L'opposition a
un rôle dans le fonctionnement du régime ; elle excite, elle
critique, elle contrôle. En Angleterre, elle se qualifie « l'opposition de Sa Majesté ».

Le régime fasciste n'admet pas d'opposition : « Nous voulons, dit M. Mussolini, créer une chambre corporative sans
opposition. Nous ne voulons ni n'avons besoin d'aucune opposition... L'opposition n'est pas nécessaire au fonctionnement
d'un régime politique sain et elle est superflue dans un *régime*
complet tel que le régime fasciste » (*Temps*, 12 déc. 1926).

Le fascisme n'admet donc qu'un seul parti : le parti fasciste.

Il ne faudrait pas essayer de se faire une idée du parti
fasciste d'après la fantaisie anarchique et le relâchement des
partis français. Ce parti, qui compte un million et demi
d'adhérents est très fortement organisé, avec une hiérarchie
stricte et une très forte discipline. Grâce à la suppression de
la décentralisation, chaque palais de podestat est un centre
administratif du parti avec des archives perfectionnées et des
fiches minutieuses sur chaque adhérent, sa vie privée, sa
moralité. Les fautes qui ne tombent pas sous le coup du
Code pénal relèvent d'un conseil de discipline qui blâme,
suspend, expulse. Pour les jeunes gens, il y a des châtiments

corporels. Il faut ajouter à tout cela une exaltation froide pour avoir une idée de la puissance et de la cohésion du parti. La jeunesse est systématiquement formée pour entrer progressivement dans les cadres du parti.

C'est ce parti qui incarne l'Etat. Or entre l'Etat et le fonctionnaire, écrit le professeur Rocco, il s'est établi « un rapport de fidélité ». Il n'est donc pas admissible « que le fonctionnaire s'introduise dans l'administration s'il est un ennemi ». S'il y est déjà, et qu'il ne soit pas fasciste, il doit en sortir : « Tous les fonctionnaires hostiles au fascisme doivent quitter l'administration ». Un décret-loi de 1926 donne au gouvernement « la faculté de congédier tous les fonctionnaires qui ne donnent pas pleines garanties au sujet de l'accomplissement de leurs devoirs ou dont l'attitude est en désaccord avec la politique du pouvoir ». Nous verrons dans la suite que l'adhésion au parti fasciste est une condition de l'exercice des droits politiques actifs.

Pendant longtemps, le parti fasciste, tout en étant le maître de l'Etat, était resté ignoré de la constitution. Mais en 1928, il a été inséré officiellement dans la Constitution.

Le *grand conseil fasciste* est composé des chefs les plus éminents du parti. Il a été créé le 12 janvier 1923 ; il a été en fait l'organe le plus important de la révolution fasciste. C'est par son intermédiaire que le fascisme a émis ses principes, qu'il a affronté les problèmes soulevés par ses idées, qu'il a décidé les créations les plus importantes du régime.

Toutefois, pendant les premières années, le grand conseil n'était qu'un simple organe de fait, ignoré de la loi. La réforme de 1928 le reconnaît officiellement, et l'élève définitivement, au même titre que le Roi, la Chambre, le Sénat, au rang d'élément fondamental de l'organisation constitutionnelle. Il sera désormais l'expression la plus élevée des forces du régime et l'organe suprême de l'Etat.

Le grand Conseil doit être consulté sur toutes les réformes constitutionnelles. Il présente au Roi le successeur du président du Conseil. Il lui indique les personnalités ayant une aptitude gouvernementale. Il dresse la liste des candidats à la députation. Ses membres sont inviolables. Ses séances sont secrètes (Résolution du 20 juillet 1928).

7.

Le fascisme prétend remplacer la conception démocratique des droits des individus par la conception nouvelle des droits des syndicats : le citoyen fait place au producteur. — Le syndicalisme fasciste s'inspire, en l'amplifiant singulièrement, d'une pensée qui avait été celle de Napoléon III : appuyer le régime sur les ouvriers en faisant leur bonheur, au besoin, malgré eux (1).

Il s'inspire en second lieu d'une hostilité au principe démocratique du droit politique individuel : « Je considère comme absurde, a dit M. Mussolini, qu'un homme, uniquement parce qu'il arrive à sa vingt et unième année, se voie conférer le droit de vote. Doivent participer à la direction de l'Etat ceux-là seuls qui travaillent, produisent et apportent une collaboration quelconque à l'Etat en faisant œuvre individuelle ». Il est facile de trouver les sources dont ces paroles ne sont que l'écho.

L'individu doit céder la place au syndicat : « Aujourd'hui 26 mai 1927, a dit M. Mussolini à la Chambre des députés, nous ensevelissons solennellement le mensonge du suffrage universel démocratique. Aussi demain, il y aura une chambre, mais elle sera élue par l'intermédiaire des organisations corporatives de l'Etat ».

Au Sénat, le 12 mai 1928, exposant les principes de la loi sur la représentation nationale, M. Mussolini s'expliquait ainsi : « La raison de la réforme est dans un fait de nature typiquement constitutionnelle. Le fait dont je veux parler, c'est la reconnaissance du syndicat comme organe de droit public. C'est là la grande nouveauté législative de la Révolution fasciste ; c'est là son originalité. Que veut dire cela : syndicat organe de droit public ? Cela veut dire que le syndicat n'est plus hors de l'Etat, ni contre l'Etat, mais qu'il est dans l'Etat, reconnu comme tel, et que comme tel il a le droit de

____

(1) EDMONDO ROSSONI, *La portée du syndicalisme fasciste* ; — OLIVETTI, *La réforme du parlement et le problème de la représentation.* Ces deux études sont dans l'*Annuaire du Cinef*, t. I.

représenter toutes les catégories et d'imposer à toutes les
catégories une contribution syndicale obligatoire. Vu cette
donnée de fait dans la constitution italienne — et je me
réfère à la loi du 3o avril 1926 — la loi électorale n'en est
que la conséquence logique et naturelle ».

Le syndicat joue un rôle de tout premier plan dans l'organisation sociale fasciste. A la seule condition de représenter
le dixième des membres de la profession dans la circonscription considérée (et pourvu qu'il soit autorisé par le gouvernement) le syndicat représente la totalité des membres de
cette profession, comme un conseil municipal représente
toute une commune : il passe des contrats collectifs obligatoires pour tous les individus de la profession, même ceux qui ne
font pas partie du syndicat. Il peut lever sur les patrons et
ouvriers, même non adhérents, des contributions obligatoires
qui sont levées comme des impôts communaux et qui peuvent atteindre une journée de travail pour les ouviers, et,
pour les patrons, une journée de travail par ouvrier
employé.

Le syndicat est donc un organe de droit public ; l'édifice
s'achève par le rôle qui leur est donné dans le recrutement de
la Chambre législative.

Mais bien entendu, tout syndicat n'est pas investi de ces
droits. Il y a des organisations de fait, comme l'ancienne
C. G. T., qui restent en dehors de la constitution.

On pense bien en effet que le fascisme ne concède pas ces
droits exorbitants à des syndicats quelconques qui viendraient
à pulluler suivant les fantaisies anarchiques de l'initiative des
particuliers. La loi des corporations *encadre* les Italiens dans
un réseau de syndicats savamment dessiné ; il y a un ministère spécial, le ministère des corporations, qui est chargé de
veiller à son application.

En gros, un syndicat n'est syndicat de droit que s'il est
national ; il est national, s'il est reconnu comme tel par le
ministère des corporations ; en outre, un syndicat doit exiger
de chacun de ses adhérents la qualité de *national*. En d'autres termes, il n'y a que les syndicats fascistes, composés
exclusivement de fascistes, qui aient des droits.

Voici maintenant les grandes lignes de l'opération suivant laquelle doit se recruter la Chambre, qui, à côté du Sénat, et avec les limitations imposées par la prédominance de l'exécutif, doit servir d'organe législatif.

Les syndicats reconnus dresseront une liste double du nombre des sièges à pourvoir, soit 800. Le Grand Conseil, organe suprême du parti fasciste, opérera dans cette liste une sélection de façon à la réduire au nombre définitif des sièges à pourvoir, soit 400. Le grand conseil n'est d'ailleurs pas lié par la présentation des syndicats et peut introduire dans la liste définitive des candidats qu'ils n'ont pas présentés. En somme, les syndicats sont *consultés*.

Cette liste sera présentée au peuple, qui ne pourra faire aucun choix, qui ne pourra rayer aucun nom, qui exprimera seulement par un oui ou par un non l'acceptation ou le refus en bloc de la liste entière dressée irrévocablement par le grand Conseil. Sur chaque bulletin est imprimée cette formule : « Approuvez-vous la liste des députés désignés par le grand conseil national du fascisme ».

Tous les citoyens inscrits sur les listes électorales participeront à ce plébiscite ; l'âge de l'électorat sera même abaissé jusqu'à dix-huit ans à condition de mariage et de paternité.

La loi prévoit, par simple pudeur, que la iiste peut n'être pas approuvée. Elle décide qu'il y aura lieu en ce cas à de nouvelles élections, mais se garde d'insister sur cette fâcheuse hypothèse.

Il est important de noter que c'est tout de même le suffrage universel des citoyens qui, en dernière analyse, confère aux candidats du Grand Conseil la qualité de législateur. C'est par cette soupape qu'on peut garder un espoir de *normalisation* du régime.

La « loi sur la représentation nationale » qui met en œuvre ce système a été votée sans débat à la Chambre, M. Giolitti s'étant borné à expliquer son vote. Et qu'une réforme de cette ampleur ait été votée dans le silence, cela suffit à démontrer la déchéance du Parlement dans le régime fasciste.

Mais au Sénat, le 12 mai 1928, un débat d'une certaine ampleur s'est déroulé dans lequel se sont affrontées nettement les deux conceptions. M. Ettore Cicotti, M. Albertini se sont élevés avec force contre la réforme. Le professeur Ruffini a déposé en son nom et au nom de quarante-quatre de ses collègues un ordre du jour dont nous donnons le texte parce qu'il contient l'essentiel de ce grave débat : « Le Sénat, considérant que la loi proposée priverait le peuple italien du plus essentiel des droits qui lui sont garantis par le statut fondamental du royaume, c'est-à-dire du droit de choisir librement ses représentants ; considérant qu'ainsi on changerait radicalement la forme du gouvernement représentatif, sanctionnée par le Statut, qui a été en vigueur sans interruption pendant quatre-vingts ans, accompagnant le peuple italien dans sa glorieuse ascension de Novare à Vittorio Veneto, passe à l'ordre du jour ».

Développant cet ordre du jour, le professeur Ruffini indiqua que le régime représentatif peut prendre des aspects divers, mais que son essence doit être respectée : « Nous ne voulons pas la destruction du régime représentatif... Ce régime peut, selon le temps et les circonstances, s'énerver par des procédures différentes, s'étendre à des couches toujours plus vastes de citoyens et d'intérêts, exprimer la pensée de collectivités diversement organisées, mais il doit toujours, pour être vraiment représentatif, garantir au peuple un choix libre et direct..., nous ne pouvons admettre la faculté de placer le peuple-italien dans une condition que nous n'hésitons pas à qualifier de *véritable minorité politique*, en lui faisant payer les erreurs de ses gouvernants ».

M. Mussolini prononça en réponse au sénateur Ruffini, un discours particulièrement remarquable par les sarcasmes qu'il lança contre le démolibéralisme, et par la force avec laquelle il affirma les principes nouveaux : « J'étais très incertain sur l'opportunité de prendre ou non la parole dans ce débat, parce que, quand on parle des langues différentes — et ce sont des langues différentes que parlent le fascisme et le démolibéralisme survivant — toute discussion est superflue. Qui veut-on tromper ? Vraiment, sous le régime des partis le peuple est-il souverain ? surtout quand l'effritement de l'État en est arrivé au point que 35 listes de 35 partis invitent le peuple à exercer *sa souveraineté en papier*? ... Je n'ai aucun scrupule à déclarer que le suffrage universel est une pure fiction conventionnelle. Il ne dit rien et ne signifie rien... Sommes-nous sur le terrain de l'archéologie ou de la politique? ... Il n'y a d'imminentes, d'éternelles que les lois religieuses... Les constitutions ne sont que des instruments, résultant de circonstances historiques déterminées dont elles suivent le développement, les travaux, le déclin... C'est donc, selon moi, une peine inutile, bien qu'émouvante que de monter la garde devant le Saint-Sépulcre. Le Saint-Sépulcre est vide. Le Statut n'y est plus » (1).

L'ensemble de la réforme fut voté par 161 voix contre 46. En outre, une centaine de sénateurs, parmi lesquels le général Cadorna, le général Giardino, M. Frassati, ancien directeur de la Stampa et ancien ambassadeur à Berlin ; M. Contarini, ancien secrétaire général du ministère des affaires étrangères, se sont abstenus de paraître à la séance. Parmi les opposants, on comptait le professeur Ruffini, le mathématicien Volterra, l'économiste Einaudi, le juriste Mosca : « Il est bon, écrit le *Tribuna* (15 mai), qu'ils se soient soulevés un moment pour attester, devant la vie qui passe, leur putréfaction ». L'*Impero* ajoutait : « Une minable minorité de vieillards gâteux a voulu souligner de son stupide non la grande réforme mussolinienne ». Par contre, dans une note communiquée à la presse française, le sénateur comte Sforza, ancien ministre des affaires étrangères, se déclarait fier qu'un nombre aussi important de ses collègues, parmi lesquels les noms les plus illustres de l'Italie intellectuelle, ait affirmé avec tant de courage leur foi dans la liberté ». Cette opposition est un élément dont il faut tenir compte si l'on veut rechercher quel est l'avenir du fascisme.

8.

La suppression de la démocratie représentative a pour corollaire la suppression des libertés individuelles ou locales. —

---

(1) *Bulletin périodique de la presse italienne*, publié par le Ministère des Affaires étrangères, n° 252.

Dans le régime de la démocratie représentative, les partis s'affrontent pour s'emparer du pouvoir au moyen de l'élection ; ce régime suppose donc la bataille des idées, donc la liberté de la pensée et de l'expression de la pensée sous toutes ses formes, et, notamment, ces « libertés cardinales » que réclamaient les tenants du parlementarisme français dans le milieu du xixᵉ siècle.

Au contraire, et on hésite avant de formuler une vérité d'une pareille évidence, la suppression de la démocratie représentative entraîne avec elle la suppression de toutes les libertés (1).

M. Mussolini parle du « cadavre putréfié de la liberté ». Son expression préférée pour désigner les principes qu'il combat est « démo-libéralisme ». Le professeur Rocco, dans l'article que nous avons déjà cité (*Politica*, février 1927), résume la doctrine fasciste dans cette formule : « Tout pour l'Etat, rien hors de l'Etat, rien contre l'Etat ». Il n'y a pas de liberté contre la nation. C'est la devise fasciste. Mais comme la nation se confond avec l'Etat, l'Etat avec le parti fasciste, le parti fasciste avec son gouvernement, le gouvernement avec le Duce, on peut conclure qu'il n'y a pas de liberté contre le Duce.

Aussi la plupart des libertés se trouvent-elles supprimées : liberté de réunion, liberté d'association, liberté de la presse, liberté même de la simple parole privée, puisqu'une loi fascistissime frappe les simples propos intimes lorsqu'ils constituent une offense contre le premier ministre.

Le fascisme n'est en somme qu'un agrégat de doctrines ou de systèmes pour la plupart déjà connus et expérimentés. Pour la presse, il a adopté un régime qui rappelle celui que Granier de Cassagnac avait ingénieusement inventé à l'usage de Louis-Napoléon, pas d'autorisation préalable des articles, c'est-à-dire pas de censure ; mais une *répression administrative* très rigoureuse. Chaque journal imprime ce qu'il veut, mais si ce qu'il imprime déplaît au gouvernement, une commission

(1) Ermanno Amicucci, *La liberté de la presse*, dans *Annuaire du Cinef*, t. I, 1928.

administrative, suivant la gravité ou la récidive de l'atteinte,
le blâme, le saisit, le suspend temporairement ou le suspend
définitivement. Devant ce régime les journaux sont dans
l'alternative de se soumettre ou de disparaître ; pour poursuivre son existence, un journal qui ne vit que par la tolérance du gouvernement est bien obligé d'estomper ses attaques et d'adoucir ses critiques. Ainsi le grand *Corriere
della Sera* a-t-il cessé, avec la démission de son directeur
M. Albertini, d'être un organe d'opposition. Le *Mondo*, le
Popolo ont été suspendus. La critique indépendante a cessé
de faire entendre sa voix. Dans tous les journaux, on
retrouve, sur des paroles à peine différentes, les mêmes notes
politiques.

La franc-maçonnerie est interdite. L'Eglise est libre à condition de se confiner dans le domaine strictement religieux.

On ne peut se dispenser de mentionner les atteintes de fait
portées par des individualités ou des organisations fascistes à
la liberté, à la personne ou même à la vie des autres individus (affaire Matcotti). Ces atteintes sont assurées de l'appui
de l'administration, de la faveur de la police, de l'indulgence
de la justice.

C'est par cet étouffement de la pensée que le fascisme répu-
gne le plus profondément au tempérament traditionnel du
peuple français.

On disait autrefois en France que la décentralisation est
l'école primaire de la liberté. Qui supprime la liberté supprime en même temps la décentralisation. Le fascisme a supprimé dans les grandes cités d'abord, puis dans toutes les
communes, les municipalités élues. Un *podestat*, directement
nommé par le pouvoir central, est seul chargé de l'administration. C'est, à peu de chose près, la résurrection du système
de l'an VIII.

9.

Les résultats et l'avenir du fascisme. — Nous ne prétendons
ni conclure ni prophétiser. Notre ambition serait satisfaite si,

avec quelques formules objectives, nous offrions matière à
quelques méditations.

Le fascisme est spécifiquement italien. — La tyrannie qu'il
fait peser sur la pensée est incompatible avec les traditions,
avec le tempérament, avec le degré d'éducation intellectuelle
et politique du peuple français : on n'imagine pas davantage
le peuple anglais ou le peuple américain acceptant une
pareille tyrannie.

Le fascisme n'est pas socialement réactionnaire. — Les adversaires du fascisme le représentent comme une sorte de garde
blanche autour du patronat, de la bourgeoisie, du capital.
Ce sont là des affirmations qu'il faut se garder de prendre à
la lettre, sous peine d'erreur. Un régime en effet ne se maintient qu'avec le consentement ou la tolérance de la masse ;
cette tolérance, il doit la payer.

Comme l'avait fait Napoléon, M. Mussolini a utilisé les
valeurs que lui avaient transmises les régimes précédents : le
sénateur Scialoja, ancien doyen de la Faculté de droit de
Rome est toujours le chef de la délégation italienne à la
Société des Nations ; l'ancien ministre Salandra, a fait partie
de cette délégation. Mais M. Mussolini, d'origine extrêmement
modeste, d'origine socialiste a appelé aussi aux plus hautes
fonctions des hommes nouveaux, dont certains d'extraction
très simple. Leandro Arpinati, aujourd'hui podestat de Pologne, fut, dans sa jeunesse, laveur de vaisselle. Cet élément
plébéien associé à un « canapé » de doctrinaires est la caractéristique du fascisme. Il y a dans le fascisme un résidu de
socialisme qui se traduit dans les paroles, dans le ton, dans
les allures, dans les actes.

Toutefois, la doctrine fasciste est sur bien des points, en
opposition avec la doctrine socialiste. Elle admet le capital,
elle réclame la collaboration des classes, elle condamne la
grève.

Le fascisme admet le régime capitaliste. Il ne lui attribue
pas un avenir illimité ; il ne lui attribue pas davantage des
vertus particulières. Son attitude est essentiellement réaliste :
le capitalisme est un fait ; il est un fait nécessaire ; il est un

fait qui se prolongera pendant un nombre suffisant d'années pour que la constitution lui fasse une place stable : « Selon notre doctrine, non seulement le capitalisme n'est pas à son déclin, mais il n'est même pas à son aurore. Nous devons nous habituer à penser que le système capitaliste, avec ses qualités et ses défauts, a devant lui quelques siècles d'existence, tant il est vrai qu'il renaît là où on l'avait aboli » (Discours au Sénat, cité par Dupeyroux, *loc. cit.*).

Mais la bourgeoisie n'a droit à la tolérance de l'État que si elle remplit son rôle historique d'initiative et de production. A ses sarcasmes contre la démocratie, M. Mussolini ajoute ses sarcasmes contre la ploutocratie, qui, d'après lui, est une des plaies de la démocratie inorganisée, de la démocratie formelle qu'il ne faut pas confondre avec la démocratie réelle. « Ne dites point, s'écrie M. Mussolini, que la politique fasciste sera servile à l'égard des capitalistes. Nous avons été les premiers, en tout cas, nous avons été des premiers, à distinguer entre bourgeoisie et bourgeoisie. Il y a la bourgeoisie que vous êtes vous-mêmes obligés de respecter sur le plan de la nécessité technique et historique, parce que vous sentez que cette bourgeoisie productive et intelligente, qui crée et dirige les industries, est indispensable. Au moins dans cette période de l'histoire, on ne peut se passer d'elle. Et il y a la bourgeoisie ignorante, paresseuse et parasitaire. Soyez tranquilles ; si les cercles italiens capitalistes espèrent que nous leur accorderons des privilèges abusifs, ils seront déçus. Jamais ils ne les tiendront de nous (Discours du 1er nov. 1922). Et l'article 2 de la Charte du travail proclame : « Le travail sous toutes ses formes, intellectuelles, techniques et manuelles est un devoir social ».

Entre la bourgeoisie et les ouvriers, il doit y avoir collaboration sans lutte. Cette collaboration est assurée par le contrat collectif de travail et par l'existence d'une juridiction spéciale chargée de résoudre les conflits sociaux. Donc, la grève, qui est de la guerre sociale, est exclue : elle est punie pour les simples grévistes d'une amende de 100 à 1.000 lires, pour les meneurs, d'une détention de un an à deux ans. Le lock-out patronal est puni d'une amende de 10.000 à 100.000 lires.

La grève politique, exercée pour faire pression sur les autorités publiques est l'objet de sanctions particulières rigoureuses.

La grève des fonctionnaires est sévèrement réprimée.

L'Italie fasciste a été la première à donner son adhésion officielle aux conventions préparées par le Bureau International du Travail. Pour avoir constaté ce fait, M. Albert Thomas a soulevé, dans le monde socialiste, une violente émotion.

Il y a les petits bénéfices, les petits pourboires de la dictature. — Quelque attaché que l'on soit à la liberté politique, on est quelquefois obligé de constater que la dictature produit quelques résultats avantageux. La fécondité jointe à la qualité technique de l'œuvre législative du consulat est un exemple que le parlementarisme actuel ne saurait atteindre. La discipline de fer que le fascisme a imposée à l'Italie a produit quelques heureux effets. Il ne suffit pas, pour expliquer la durée du régime, de répéter après Dostoievsky que l'homme est un animal qui s'habitue à tout. La masse italienne compare le malaise de 1919 à 1922 à la situation actuelle ; l'ordre est rétabli, la discipline sociale est restaurée, les grèves et troubles sont supprimés, les services publics marchent ponctuellement ; une amélioration incontestable existe dans les chemins de fer qui étaient les plus détestables du monde, où les retards étaient la règle, où les vols de bagages et de colis étaient innombrables ; le pays s'est mis à travailler ; les finances ont été restaurées ; la marine devient plus puissante que celle de la France. Certes, il ne faut pas accepter à la lettre toutes les affirmations de la propagande fasciste. Le fascisme a continué sur certains points les œuvres de ses prédécesseurs ; il a récolté ce que d'autres ont semé. Mais il a semé lui aussi. D'autre part, et suivant en cela l'exemple de Napoléon III, le fascisme essaie de frapper l'imagination par de grands travaux d'utilité publique. Il y a des podestats qui administrent mieux que certaines municipalités. Le Paris moderne a bien été créé par Haussmann qui était un podestat, sans conseil municipal élu. Devant ces avantages, le peuple italien se résigne et oublie le prix dont il les a payés. L'attachement à la liberté suppose un certain degré d'éducation de la démocratie, la liberté de penser et d'écrire intéresse surtout les bourgeois. Quoi qu'il en soit, cette subordination totale de l'individu à l'Etat serait intolérable en d'autres pays.

Le fascisme contient certaines substances explosives. — Le fascisme est assis sur une exaltation du sentiment national, sur une tension de l'orgueil italien, sur l'espérance d'une Italie riche et puissante. « Dans les cinquante ou quatre-vingts ans qui vont venir, le chemin que suivra l'Italie, cette Italie que nous sentons si puissante, si parcourue de sève vitale, sera vraiment grandiose ... » (Discours au Sénat, 12 mai 1928). A force de se gonfler, l'orgueil national menace d'exploser. A moins qu'il ne se dégonfle, et alors le régime ne tient plus. Mais un pays ne peut vivre éternellement sous l'état de pression où se trouve actuellement l'Italie. Il est si intéressant, pour l'historien, d'observer un *dictateur civil*. Le péril, c'est la tentation pour ce dictateur du prestige des Pyramides, des Marengo, des Austerlitz. Les dictatures sont facilement orientées vers la recherche des succès extérieurs. Ce péril s'aggrave lorsque le pays considéré poursuit à la fois une politique d'extension de la natalité et de restriction de l'émigration. Il faut dire, d'ailleurs, pour rester dans la vérité, que M. Mussolini a donné des preuves de prudence.

Il reste une dernière question infiniment délicate et de toute première gravité pour l'avenir du fascisme : est-ce que le fascisme se conçoit sans M. Mussolini ?

Un jour, dans un accès de franchise, M. Arnaldo Mussolini, frère du dictateur écrivit : « Parler du fascisme sans Mussolini est de la plaisanterie pure ». Mais aujourd'hui, la consigne est d'affirmer que le parti fasciste est si fortement organisé et sa constitution si bien assise, que le régime continuerait sans frottements après la disparition de son fondateur.

Il faudrait donc supposer que M. Benito Mussolini transmettrait ses talents, son prestige, son expérience à l'un de ses disciples. Cela paraît peu probable puisque le Duce concentre entre ses mains le maximum d'autorité et que d'autre part, il semble organiser, autour de lui, la rotation des grands emplois. Ni Napoléon Ier, ni Napoléon III (qui prit le pouvoir *trente-cinq ans* après son oncle) n'ont eu de successeurs. Le fils de Cromwell n'a régné que quelques années. Il ne faut pas se hasarder à des prophéties que les faits pourraient démentir; mais il est permis de croire qu'avec la vieillesse, l'affaiblissement ou la mort du Duce son régime sera en péril. Les compatriotes de Mazzini, de Garibaldi et de Cavour ne peuvent pas avoir définitivement abdiqué tous leurs droits en faveur d'un groupe. La liberté et la démocratie ne sont pas le passé ; elles sont l'avenir.

Section II

La dictature espagnole.

Parce que nous avons insisté sur le fascisme, nous pouvons passer beaucoup plus rapidement sur le *riverisme*, qui n'en est qu'une reproduction atténuée, moins tendue, affaiblie, plus souriante, peut-être plus paternelle.

Il y a aussi quelques différences : le fascio a marché sur Rome et s'est imposé au Roi ; — le général Primo de Rivera a été appelé par le Roi.

Peut-être pour ce motif, peut-être à raison de la différence de classe des diverses personnalités en présence, le Bourbon paraît moins effacé que son collègue d'Italie.

En apparence et en réalité plus modéré que le fascisme, le riverisme s'est montré sur certains points plus radical. M. Mussolini a domestiqué la Chambre, mais il l'a gardée ; le général Primo de Rivera a dissous la Chambre (les Cortès) sans faire procéder à de nouvelles élections. — M. Mussolini a gardé le Sénat et sa réforme électorale a eu contre elle le quart des sénateurs présents ; le général de Rivera a dissous la partie élue du Sénat. De sorte que, depuis 1923, il n'y a même plus d'apparence de parlement et les palais législatifs sont déserts.

La violence est sans doute à la base du Riverisme, en ce sens qu'elle se serait exercée si besoin en avait été. Mais il n'y en a pas eu besoin.

Le cabinet du marquis d'Alhacemas n'avait pas pu résister aux difficultés traditionnelles de la politique espagnole : indiscipline militaire, séparatisme catalan, attentats anarchistes, mouvement communiste, guêpier marocain, corruption parlementaire.... il avait offert sa démission au roi qui l'avait acceptée.

C'est alors que le Roi appela Primo de Rivera qui commandait à Barcelone. Simplement muni des vœux de l'alcade, de la bénédiction de l'évêque, et des acclamations de la foule, l'aspirant dictateur prit le train et s'installa au pouvoir sans opposition. Il n'y a pas eu d'effusion de sang. Dans la suite, il y a eu quelques emprisonnements, quelques bannissements (M. Miguel de Unanumo, recteur de Salamanque). Si la dictature de Moscou joue de la terreur, le dictateur de Madrid croit plus habile de jouer de l'indulgence.

Cela ne veut pas dire que sa dictature soit « libérale ». Non. Il a suspendu la Constitution, supprimé les Chambres, supprimé le jury remplacé par la magistrature de profession, supprimé toute liberté de la presse, supprimé enfin toute décentralisation en remplaçant les municipalités par des Juntas de asociados.

Il y a, à la base du rivérisme, le même mépris que le fascisme professe à l'égard du parlementarisme ; mais il s'exprime peut-être avec moins de dogmatisme et d'ampleur. En ouvrant l'Assemblée Nationale, le 10 octobre 1926, M. Yangas disait : « La vie des Etats est aujourd'hui trop complexe pour qu'on gaspille le temps en discussions oiseuses » (10 oct. 1927). C'est la réplique de la parole de Mussolini : le parlementarisme est un luxe des peuples riches.

Le maître de l'Etat est le premier ministre. — A l'origine, la dictature était théoriquement exercée par un Directoire; on appelle encore la dictature espagnole le régime *directorial*. Mais il apparut bientôt que le directoire n'était qu'une façade dissimulant le pouvoir d'un seul. — Le Premier ministre est le chef des ministres ; il les nomme et les révoque ; le minis-

tre d'Etat, ayant manifesté quelque humeur parce que le dictateur ne lui avait pas permis de diriger à Paris les négocia-
tions relatives à Tanger a été révoqué. Dans la suite, il a été
nommé président de l'Assemblée nationale.

Le Roi semble avoir gardé plus d'autorité que le roi d'Italie ; certains croient que la dictature cessera le jour où le roi
le voudra (1).

*Le Riverisme essaie de s'appuyer sur un parti, comme le fas-
cisme et le bolchevisme.* — En 1924, le dictateur a fondé un
parti qu'il a appelé l'Union patriotique, avec la mission de
consolider l'œuvre commencée : « D'après sa définition même,
cette Union ne constitue pas un parti politique ; elle doit être
essentiellement, le groupement de tous les hommes de bonne
volonté, quelles que fussent leurs attaches politiques antérieu-
res, décidés à faire passer l'intérêt de leur pays avant le leur
et à continuer le travail d'assainissement du Directoire en
s'affranchissant de la routine parlementaire et des stériles
querelles politiques ». La mission de l'Union patriotique est
« d'empêcher le retour des hontes de l'ancien régime, de
préparer le rétablissement d'un état constitutionnel normal,
et enfin, le moment venu, d'assumer les charges du pouvoir
qui sera confié aux plus dignes ».

Mais ce parti est loin d'avoir la cohésion, la discipline, la
force, la flamme du fascisme italien.

*Le général Primo de Rivera a suspendu toute consultation
populaire et n'a pas demandé directement au peuple la ratification de son coup d'Etat.* — Toutefois, le parti de l'Union
patriotique a organisé une espèce de referendum officieux ;
pendant trois jours, il a sollicité les signatures de tous ceux,
hommes ou femmes, qui approuvent la politique dictatoriale ;
il en a réuni plus de six millions et demi (6.697.164).

Comme en Italie, la discipline établie par la dictature a
donné ses résultats ordinaires. Les administrations ont été
assainies, avec plus de travail et d'honnêteté ; un certain ordre
a été rétabli dans les finances et, même ce qui n'est pas plus

(1) Verax, *Le général Primo de Rivera,* dans *Revue des Deux-Mondes,*
1er juin 1928.

facile en Espagne, dans l'armée. Le catalanisme semble dormir.

Les attentats anarchistes, terroristes, communistes ont pris fin. Les grèves ont complètement cessé. L'industrie se réajuste dans la paix aux conditions de l'après-guerre qui sont particulièrement difficiles pour un pays qui s'était habitué, pendant la grande tourmente, à vendre n'importe quoi à n'importe quel prix.

Le dictateur n'a jamais manqué une occasion de marquer le caractère essentiellement temporaire de la mission qu'il a acceptée de la confiance du roi. Lorsqu'il arriva à Madrid, à sa descente du train de Barcelone, il déclara qu'il venait pour trois jours, trois semaines ou trois mois. C'était en 1923. Parlant à un rédacteur du *Temps*, à l'occasion de la visite de l'escadre française à Santander, il insiste à nouveau sur l'éphémérité de son pouvoir : c'était en 1928 (*Temps* du 1er août). Parmi ses partisans les plus déterminés, il en est qui trouvent qu'il tarde à disparaître. Une situation exceptionnelle peut justifier un régime exceptionnel ; le retour à une situation normale appelle le retour à un régime également normal.

C'est pour préparer le retour à un état normal qu'a été constituée une Assemblée nationale. Mais cette Assemblée n'est pas une assemblée démocratique.

C'est le 13 septembre 1926, jour anniversaire du coup d'Etat, qu'a été promulgué le décret créant cette assemblée : elle comprend des représentants des municipalités et des assemblées provinciales, choisis par elle ; elle comprend en second lieu des représentants des Unions patriotiques ; enfin, elle comprend en outre des membres de droit, hauts fonctionnaires ou dignitaires ecclésiastiques, des membres nommés par le gouvernement avec mission de représenter les grandes forces économiques, intellectuelles ou même politiques de l'Etat. Le journaliste républicain Francisco Villanueva a déclaré qu'« à son avis une nomination par ordonnance royale ne lui donne pas le droit de représenter la monarchie espagnole » (*El Liberal*, 23 octobre). La presse elle-même est censée représentée par des journalistes *désignés par le gouvernement*.

L'Assemblée comprend en totalité 400 membres. L'officieux *El Debate* du 17 septembre s'écriait : « C'est la première fois aujourd'hui depuis des siècles que l'Espagne est gouvernée par le peuple et pour le peuple ». Ce zèle est, pour le moins, exagéré.

D'ailleurs, cette étrange assemblée, qui rappelle les assemblées de notables de l'ancien régime, n'a qu'un pouvoir purement consultatif. Elle délibère, après quoi le gouvernement prend librement sa décision.

Il est assez curieux de noter que cette assemblée a le droit d'interpellation. Mais évidemment ces interpellations ne sont que des conversations officielles, dépourvues de sanction. La censure très rigoureuse empêche d'ailleurs ces débats d'avoir du retentissement dans le pays.

Cette assemblée a le pouvoir consultatif dans les matières législatives et c'est ainsi qu'elle a pu délibérer sur la limitation de l'héritage *ab intestat*. Deux membres, ayant protesté contre cette limitation qu'ils considéraient comme attentatoire à la constitution traditionnelle de la famille, le général a consenti à étendre jusqu'au quatrième degré la dévolution *ab intestat*. Mais en même temps, il a tenu à préciser qu'il ne se considérait comme aucunement lié par les votes de l'Assemblée mais que, quoi qu'il arrive, il conservait son entière liberté d'action (26 novembre 1927). M. Gabriel Maura, fils de l'ancien président du Conseil conservateur a exprimé son malaise en ces termes : « l'Assemblée vient de naître. Elle n'a encore aucune espèce de traditions. Mais toutefois le lieu où elle se réunit est empreint de traditions et ce n'est pas en vain que sont passées ici les figures éminentes de plusieurs générations et que cette salle a été le théâtre d'inoubliables épisodes nationaux. C'est précisément la pensée qui me préoccupe aujourd'hui : le choc qu'il y a entre la tradition qui pèse dans cette enceinte et le nouveau caractère de l'organisme qui se réunit ici... »

Une des missions de l'Assemblée Nationale est d'assister le dictateur dans l'élaboration de la constitution qui consacrera le retour à un état normal des choses. Nous savons en somme peu de choses sur les intentions définitives du général de Rivera ; il a seulement indiqué à plusieurs reprises que l'âge est passé du suffrage universel individuel et que la plus grande place doit être donnée à la représentation des corporations et des grandes forces de l'Etat.

L'examen de l'opinion publique ne permet pas de conclusion bien nette. Dans la *Epoca* du 21 juillet 1928, M. Benito M. Andrade a tenté un inventaire de cette opinion.

1° Les *Gauches* demandent la convocation de Cortès constituantes élues au suffrage universel. Mais tandis que les gauches extrêmes demandent le renversement total de la constitution de 1876 et l'établissement de la république, les gauches modérées (Marquis d'Alhucemas, comte de Romanones, Alcala Zamora avec les journaux *la Voz* et *El Sol*) semblent favorables à l'institution monarchique.

2° Les *Droites* sont extrêmement divisées. *a)* Les extrémistes, intégristes, traditionnalistes demandent la restauration de l'autorité traditionnelle du Roi, avec des Cortès élues par classes qui n'auraient de pouvoir de décision que pour voter l'impôt. Ces opinions sont exposées par *El Siglo futuro* ; *b)* les droites monarchistes (avec *El Debate*) demandent la réforme de la constitution de 1876 et la ratification de la réforme par un plébiscite ; *c)* l'A. B. C. regarde comme périlleuse la convocation des Cortès constituantes et demande seulement l'élection d'un Congrès qui partagerait la souveraineté avec le Roi ; *d)* la majorité des conservateurs considère la constitution de 1876 comme toujours en vigueur, demandent la fin de la suspension de fait qui lui a été infligée et la reprise de la vie constitutionnelle par l'élection de Cortès au suffrage universel.

Quelle est la solution qui prévaudra ? Ce sera celle qui sera choisie par le dictateur, le Roi ou l'armée. C'est le cas de rappeler la phrase fameuse d'Ayala : « Tandis qu'en 1808, l'escadre se soulevait à Cadix au nom de la liberté, le peuple, lui, prenait tranquillement le chemin de la plaza de toros... » L'opinion publique est indifférente, veule, inorganisée. Les peuples ont les gouvernements qu'ils méritent.

Section III

Le Pilsudskisme.

La dictature de fait qu'exerce en Pologne le maréchal
Pilsudski a bien des traits communs avec le fascisme et le
Riverisme; mais elle se présente aussi avec des caractères très
particuliers qui l'en différencient pro`ondément. C'est donc
avec des réserves, dont l'explication sortira de nos dévelop-
pements eux-mêmes, qu'il faut entendre ici le mot de dictature.

*Comme dans les autres pays, la dictature est sortie du
malaise du régime parlementaire.* — Le fonctionnement classique du régime parlementaire à l'Anglaise réclame deux
grands partis homogènes et disciplinés. La Pologne en
compte une vingtaine; c'est beaucoup trop. D'autre part,
nous sommes encore tout près de la résurrection de l'Etat
polonais; de sorte que les trois tronçons aujourd'hui réunis
— tronçons allemand, russe, autrichien — conservent encore
leurs traditions propres, leur culture inégale, leurs aspirations traditionnelles. Quatre minorités nationales, auxquelles
les traités qui ont mis fin à la guerre, reconnaissent certains
droits, rendent encore plus inextricable une situation déjà
bien touffue. Le Parlement qui sort d'une pareille source
électorale doit être lui-même bien divisé. Or la constitution
le faisait très puissant, le soustrayant ainsi à la direction du
pouvoir exécutif. Il en résultait, comme moindres maux,
l'extrême lenteur des réformes les plus urgentes et les retards
des budgets.

Ajoutons, sans d'ailleurs adhérer le moins du monde à
l'accusation, que lorsque fut constitué le ministère Witos,
dont la formation provoqua le coup d'Etat de 1926, le journal
du maréchal écrivait : « Le gouvernement Witos est composé
de gens de chantage, de corrupteurs et de voleurs. Tous ont
gagné leurs fortunes dans des postes ministériels ».

Les divers organes de la démocratie représentative fonction-

nent en Pologne, mais sous la pression du maréchal. — Primo de Rivera a supprimé les Cortès ; Mussolini pense à supprimer le suffrage universel. Le maréchal a laissé les divers organes de la démocratie représentative, mais il fait peser sur ce fonctionnement la menace perpétuelle de son prestige propre et de la force de l'armée.

Le nom du maréchal Pilsudski est inséparable de la résurrection de la Pologne. Il fut l'organisateur de la légion polonaise qui combattit contre la Russie, considérée comme l'ennemie séculaire de la Pologne ; enfermé à la forteresse de Magdebourg à raison de son loyalisme douteux à l'égard des deux Empereurs, il est libéré par la Révolution allemande, rentre à Varsovie le 10 novembre 1918 et devient, dans cette période difficile, le premier chef de l'Etat polonais. Il préside à la sortie du tombeau de sa patrie, achève la lutte contre la Russie soviétique ; et c'est son armée victorieuse, qui, par la main d'un simple soldat, lui remet le bâton de maréchal, alors qu'il n'a fréquenté aucune école militaire et n'a jamais passé par aucun autre grade.

La démocratie représentative serait un régime condamné si elle ne s'accommodait pas des grands hommes ; au contraire, les chefs lui sont nécessaires, et son fonctionnement reste régulier s'ils ne prétendent exercer qu'une dictature de persuasion, comme Périclès, dans la Grèce antique, ou M. Thiers au lendemain des désastres de 1870. Le malaise naît lorsque le grand homme considéré est un soldat victorieux ; il s'accroît lorsque le soldat victorieux fait intervenir l'armée dans les dissensions politiques, comme l'a fait le maréchal au mois de mai 1926. Le maréchal était alors dans la retraite ; il s'est mis à la tête de troupes, a marché sur Varsovie, et s'est rendu maître de la République après un combat sanglant. Quelques jours après, le maréchal était élu président de la République. Son coup d'Etat se trouvait régularisé.

Nous n'avons pas à apprécier ici l'opportunité de l'opération ; elle a été approuvée par un grand nombre de Polonais et notamment, au début, par les socialistes. Il n'en reste pas moins que ce n'est pas seulement par son prestige personnel mais encore par l'emploi direct de la force et par la menace

latente d'un nouveau recours à ce moyen que le maréchal est
à l'heure actuelle maître de l'Etat.

Le maréchal a refusé par deux fois la présidence de la Répu-
blique estimant que, dans le régime parlementaire, ce poste est
incompatible avec l'action. — A la fin de 1922, la constitution
fut mise en application et on pensa naturellement que le
maréchal, qui avait présidé comme chef de l'Etat, à la grande
reconstruction de la Pologne, devait être le premier président
de la République constitutionnelle. Il refusa la candidature :
« La constitution, dit-il, n'accorde à mon avis au président de
la République que des pouvoirs insuffisants et mal définis.
Constitutionnellement il est irresponsable ; tous ses actes doivent être contresignés. Il se trouve comme un petit enfant
sous la constante tutelle des ministres. Et cependant, il doit,
en même temps, exercer le gouvernement. La fonction présidentielle le plus clairement définie par la constitution est
celle de la représentation... Dans mon message à la Diète, j'ai
dit : « L'homme qu'il faut au poste qu'il faut ». Je ne crois
pas être l'homme qui convient à l'action individuelle imposée
au chef de l'Etat par la constitution ».

M. Narutowicz était alors élu président de la République ;
mais assassiné une semaine après ; le maréchal Pilsudski
acceptait alors d'être chef d'état-major général de l'armée et
sa présence contribuait à ramener le calme. En juin 1923, il
se retirait en même temps que le ministère Sikorski, ne voulant pas exercer ses fonctions sous le président Witos. Au
mois de mai 1926, le président de la République, M. Wojcie-
chowski ayant appelé à nouveau M. Witos, le maréchal après
des événements que nous n'avons pas à rappeler ici, mar-
chait sur Varsovie à la tête d'une partie de l'armée. Le président de la République et le gouvernement Witos ayant donné
leur démission, le maréchal Pilsudski tient à ce que les choses se passent aussi constitutionnellement que possible. C'est
le maréchal de la Diète qui exerce provisoirement les fonctions du président de la République ; c'est par lui que le
maréchal Pilsudski fait former le nouveau ministère ; M. Bartel en est le chef et le maréchal n'accepte que le ministère des
affaires militaires (19 mai 1926). Il refuse la dictature qui lui

est offerte de tous côtés. En somme, ce qu'il a fait c'est un pronunciamento, non pas à son profit personnel mais au profit du pays.

Le 31 mai, sur l'initiative des quatre partis de gauche, il était élu président de la République par 293 voix sur 485 votants. Il n'acceptait cette élection que comme un bill d'indemnité et refusait de nouveau la magistrature qui lui était, cette fois, officiellement conférée : « Je ne puis pas ne pas souligner, encore une fois, que je ne puis vivre sans travail. Or, la constitution en vigueur éloigne précisément le président d'un pareil travail. Je souffrirais trop de me plier à cette nécessité. Il faut, pour cela, un autre caractère que le mien ».

Le maréchal veut un rôle d'action et de responsabilité. C'est lui qui désignera, en fait, au choix de la Diète, le président de la République, le professeur Moscicki. Quant à lui-même il sera ministre des affaires militaires; quelques jours après, il était nommé inspecteur général des forces armées. Le 30 septembre 1926, le ministère Bartel donnait sa démission; mais le maréchal Pilsudski devenait président du Conseil et prenait M. Bartel comme vice-président du Conseil. Au moment où nous écrivons ces lignes (juillet 1928), le maréchal Pilsudski vient de donner sa démission de président du Conseil, voulant donner tous ses soins à ses devoirs de généralissime.

Nous nous trouvons donc en présence d'une dictature d'un genre tout particulier, exercée par un homme qui tient plus aux réalités qu'aux apparences du pouvoir et qui se met systématiquement au second rang.

Le maréchal laisse fonctionner les divers organes de la démocratie représentative à la condition qu'ils fonctionnent conformément à sa volonté. — Le maréchal veut démontrer que la constitution peut fonctionner à la condition qu'il y ait une volonté qui l'anime. La Diète est élue, par le suffrage universel et fonctionne; il y a un président de la République et des ministres. Il y a une opposition qui se manifeste. Seulement, les ministres ne se considèrent plus en fait comme responsables devant la Chambre.

Le maréchal manifeste le mépris le plus profond pour le Par-

lement. — Le *Messager polonais* a publié à ce sujet des déclarations retentissantes du maréchal. A quatre reprises, il qualifie la Diète de « Diète de catins » ; il compare les séances du parlement aux « travaux forcés inutiles » ; il dit que les discours des députés n'ont pas plus d'importance que des « conversations au café du commerce » et que par ailleurs « ils font périr les mouches d'ennui ». — C'est un ministre en fonction qui apprécie dans ces termes une chambre nouvellement élue et devant laquelle il est responsable. Ces paroles jettent un trait de lumière sur la réalité du parlementarisme polonais.

Le maréchal, comme Mussolini ou Primo de Rivera, est favorable au pouvoir exécutif. — « Le pouvoir exécutif doit être réellement fort et rester au-dessus des luttes des partis. Le Parlement ne doit pas outrepasser son rôle et doit rester dans son domaine législatif. La Diète doit avoir moins de privilèges et ceux qui exercent le pouvoir doivent en avoir plus ».

Au lendemain du coup d'Etat de 1926, le maréchal a fait voter une réforme constitutionnelle diminuant les droits du parlement. — Le maréchal, ayant refusé la dictature, a tenu à faire voter la réforme par la Diète qui y a consenti, sans difficultés, le 22 juillet et le 2 août 1926.

Tout d'abord, un délai rigoureusement impératif est imparti au Parlement pour le vote du budget. Si le projet gouvernemental n'est pas adopté dans les quatre mois qui suivent son dépôt, il acquiert force de loi par la simple expiration du délai.

La constitution prévoyait que la Diète pouvait se dissoudre elle-même ; désormais, elle pourra être dissoute également par le Président de la République sur la proposition du Conseil des ministres.

En outre de ce droit de dissolution, le président reçoit le droit de veto : il peut, par un message motivé, demander aux Chambres une nouvelle délibération sur toute loi qu'elles viennent de voter.

Pendant l'intervalle des sessions, le président de la République peut légiférer par voie de décret, dans la seule limite du respect de la constitution. Les décrets ainsi rendus doivent être soumis à la ratification des Chambres dans les quinze jours de leur réunion.

A titre transitoire, et jusqu'au 31 décembre 1927, le président de la République est autorisé, même pendant la durée des sessions, à prendre des décrets-lois sauf à les soumettre à la ratification des Chambres.

Nous avions raison de dire que s'il y a de grandes différences entre le Pilsudskisme et les dictatures méditerranéennes, il en est bien d'autres que nous ne pouvions toutes énumérer. Ainsi, il n'y a pas de parti spécial sur lequel s'appuie le régime. Il prétend au concours du pays tout entier. Le maréchal a perdu le concours du parti socialiste qui lui avait été assuré au lendemain du coup d'Etat de 1926 ; mais il a gagné d'un autre côté ce qu'il perdait ainsi.

Le trait caractéristique de ce dictateur, c'est en somme qu'il a refusé la dictature et qu'il a même repoussé les fonctions les plus élevées de l'Etat. Il a seulement voulu être un animateur, mais doué d'une singulière énergie.

Il a été un animateur suivant la formule traditionnelle, ayant en somme les aspirations et les idées politiques de Napoléon qui est son grand modèle. Il n'a jamais prétendu, à la différence de M. Mussolini, apporter un évangile politique nouveau ; il ne se préoccupe pas de l'avènement du producteur et du développement du syndicalisme. Il veut l'ordre et la grandeur extérieures de son pays.

Avec des grincements, des frottements et même des coincements, il a laissé fonctionner les organes de la démocratie parlementaire dans leurs cadres constitutionnels. Lorsqu'il disparaîtra de la scène politique, il est à prévoir que le retour à des conditions plus normales s'opérera sans secousses à mesure que les circonstances elles-mêmes perdront leur caractère exceptionnel.

Section IV

La dictature bolcheviste.

Nous venons de donner un aperçu général de ce qu'on appelle, d'un terme qui n'est pas toujours très juste, les *dictatures de droite*. Nous arrivons maintenant à la dictature de gauche, le bolchevisme.

Pour la confrontation de la doctrine bolcheviste et de la doctrine démocratique française, il est nécessaire de distinguer ce que nous pourrions appeler le bolchevisme pratique et le bolchevisme théorique. Le bolchevisme pratique est celui qui s'incarne dans le gouvernement actuel de la Russie. C'est un gouvernement de fait, et qui n'a nullement la prétention de s'appuyer sur la volonté du pays. Il est oligarchique, aristocratique et, au bout de plusieurs années ne se maintient encore que par la plus abominable des terreurs. C'est donc tout l'opposé d'un gouvernement démocratique.

II. La doctrine bolcheviste a sa plus parfaite consécration dans la « Constitution de la République socialiste fédérative soviétiste russe » adoptée, à Moscou, le 10 juillet 1918, par le Ve Congrès panrusse des soviets. Ce document est traditionnel dans sa forme : il est précédé d'une Déclaration des droits (Déclaration des droits du peuple travailleur et exploité) et le corps même de la constitution comporte cinq rubriques : principes généraux, pouvoir socialiste, droit électoral actif et passif, droit budgétaire, armes et pavillon.

Dans l'ensemble et au fond, c'est sur toute la ligne, la négation de l'idée démocratique.

En dépit des apparences extérieures et superficielles, c'est encore de la doctrine fasciste que la doctrine bolcheviste se rapproche le plus. D'ailleurs, M. Mussolini lui-même le reconnaît : « Notre révolution, dit-il, est dans ses objectifs généraux, analogue à la russe, toutefois sous une autre forme. Nous avons fait et nous continuons à faire la révolution à la Romaine, en respectant, contrairement à la Russe, la couronne, l'église et le *capital privé* » (Interview au *Temps*, 12 décembre 1926).

1° *Comme le fascisme, mais d'une façon plus accentuée, le bolchevisme s'appuie sur un parti*, le parti bolcheviste dont les membres seuls ont des droits politiques. Le bolchevisme n'admet pas d'opposition et massacre les opposants.

2° *Comme le fascisme, le bolchevisme se fonde sur la violence* : « Tout gouvernement, écrit le procureur général Krylenko dans ses conférences à l'Université de Moscou, sur l'organisation judiciaire, n'est autre chose que l'arme de violence et de contrainte à l'aide de laquelle la classe qui a le pouvoir dans une société donnée exerce sa domination politique et défend sa situation économique ».

3° *Comme le fascisme, le système politique de la République socialiste soviétique n'admet pas la représentation des individus, ce qui est l'essentiel de la démocratie, mais seulement la représentation des groupes.* L'individu, en tant qu'homme, n'a pas le droit d'être représenté. Le droit de représentation appartient seulement à certaines collectivités amorphes, mal définies et mal précisées par la constitution, les *soviets*. La constitution bolcheviste organise les soviets par profession et par régions, suivant un modèle dont s'est inspiré M. Mussolini dans son plan actuellement à l'étude. Théoriquement, les soviets sont représentés au *Congrès panrusse des soviets*, qui détient le pouvoir suprême. Dans l'intervalle des sessions, le pouvoir est exercé par le *Comité exécutif central*, qui est entièrement responsable devant le Congrès. — Un *Conseil des commissaires du peuple,* dont les membres sont nommés par le Comité exécutif central, est chargé de l'expédition des affaires. Si l'on pouvait comparer des choses si différentes, on pourrait peut-être rapprocher le Congrès panrusse d'une assemblée ; le Comité exécutif serait le Directoire et le Conseil des commissaires serait le conseil des ministres.

4° *Comme le fascisme, le bolchevisme a supprimé la liberté politique.* Le régime bolcheviste se propose des fins économiques ; par ailleurs, il n'admet pas l'existence des partis ; il ne permet donc ni discussion ni opposition. Dans ces conditions, il est logique qu'il supprime les libertés.

5° *Comme le fascisme, le bolchevisme proclame l'obligation du travail.* L'article 18 de la constitution proclame le principe : « Qui ne travaillera point ne mangera point ».

6° *Le régime soviétique repousse l'égalité démocratique et consacre l'inégalité des individus.* Seuls les travailleurs manuels, les marins et les soldats détiennent la puissance politique, à la condition d'appartenir au parti bolcheviste. Les autres individus sont exclus de la cité. Mais parmi les favorisés il y a encore des inégalités. Ainsi l'*électeur urbain* a cinq voix, tandis que l'*habitant* (paysan) n'en a qu'une.

7° Avec la même netteté que M. Mussolini, les dirigeants du bolchevisme proclament leur mépris pour la démocratie : « Nous avons, déclare Trotsky, piétiné les principes de la démocratie au nom des principes plus élevés de la révolution sociale ». Lénine disait de son côté : « La démocratie est une des formes de l'État bourgeois défencue par les traîtres au socialisme ... La démocratie est un mensonge bourgeois ; l'idée de la souveraineté nationale est profondément réactionnaire ; la démocratie est la ruine, le sabotage et l'appel au pogrom... ».

Nous sommes persuadés qu'un jour la Russie se rapprochera du régime démocratique, de même qu'elle s'est déjà rapprochée du régime capitaliste. Mais quand et dans quelle forme, nous n'en savons rien. Les éléments hostiles au bolchevisme ont été massacrés ou ont émigré. Il y a lieu aussi de tenir compte de la passivité traditionnelle du peuple russe (1).

CHAPITRE II

LE MALAISE DE LA DÉMOCRATIE PARLEMENTAIRE

LA OU ELLE A ÉTÉ RESPECTÉE

Section I

La crise dans les esprits.

Les pays qui ont conservé le régime parlementaire souffrent d'un incontestable malaise. Il y a dans les esprits un certain

(1) Sur tous ces points, on ne pourra mieux faire que de consulter l'excellente étude de M. Mirkine-Guetzevitch.

détachement à l'égard de la démocratie représentative et de
ses institutions; d'autre part, la machine ne fonctionne
qu'avec certains grincements.

Nous ne nous proposons pas d'étudier ici les difficultés
exceptionnelles de la période de guerre. A des circonstances
exceptionnelles, il faut un régime exceptionnel. La guerre,
qui exige le sacrifice total de l'individu, lui réclame aussi
l'abandon de ses droits : pendant la crise, le gouvernement a
vu augmenter ses prérogatives, les élections ont été ajour-
nées, les libertés politiques ont été suspendues.

La désaffection à l'égard de la démocratie représentative
est un des phénomènes qui ont frappé Bryce et qu'il men-
tionne dans son ouvrage sur les démocraties modernes.
L'Union interparlementaire en a fait l'objet principal de sa
dernière session ; elle a poursuivi dans divers pays une
enquête dont les résultats sont fort intéressants (*L'évolution
actuelle du régime représentatif.* Payot, Genève, 1928).

Le peuple français paraît las, inquiet, désaffectionné. Le
scepticisme, l'inquiétude, l'hostilité atteignent jusqu'à ces
milieux intellectuels qui paraissaient le centre de résistance
du libéralisme. Ce n'est pas un fait indifférent que, dans sa
réponse à l'enquête de l'Union interparlementaire, M. Lar-
naude, ancien doyen de la faculté de droit de Paris, se prononce
nettement contre la démocratie parlementaire. Il aboutit à
cette conclusion sévère : « Etat, autorité, représentation, compétence, continuité, séparation des pouvoirs, responsabilité,
— nous aurions pu ajouter : ordre, légalité, hiérarchie, —
tels sont les postulats de la vie des Sociétés politiques, comme
les révèle l'observation de la vie et des faits. Sans doute ce
sont là des mots qui sonnent moins haut que ceux de démocratie, de volonté populaire, de liberté, de souveraineté du
peuple... Mais il y a entre eux toute la différence qui sépare
le fait de l'idée, la réalité de la fiction, l'expérience de l'aprio-
risme... Entre ces deux conceptions, notre choix est fait.
Nous espérons que celui des lecteurs l'est aussi ». L'éminent
doyen s'abstient d'ailleurs d'indiquer le régime qu'il préconi-
serait à la place de la démocratie : car l'ordre, la légalité, la

responsabilité, ce sont là des buts et la forme du gouvernement n'est qu'un moyen pour y atteindre.

M. Charles Benoist, qui a représenté la République à La Haye et qui est membre de l'Institut, fait un pas de plus que l'ancien doyen. Sa critique verveuse de la démocratie s'achève par une conclusion nettement monarchique (*Les lois de la politique française*). Nous ne pourrions pas citer toutes les manifestations de l'antiparlementarisme bourgeois; on en trouve des échos dans le *Dictateur*, d'Alphonse Séché; l'*Eloge du bourgeois français*, de René Johannet; les *Dialogues sur le commandement*, d'André Maurois; la *Révolution nationale*, de M. Georges Valois, etc. A côté d'ailleurs de cet antiparlementarisme bourgeois tourné vers Rome, il y a un antiparlementarisme prolétarien qui se tourne vers Moscou. Et il n'est pas sûr que ceux qui travaillent pour le premier, n'apportent pas, sans s'en douter, de l'eau au moulin du second.

Si le détachement à l'égard des institutions était chez nous un fait général, ce serait un fait grave. Si l'Angleterre reste *mater parliamentorum*, c'est la France qui, sur le continent, reste la mère du parlementarisme démocratique, modéré et bourgeois. Nos pères ont fait des révolutions en série; ils ont versé leur sang pour la démocratie, le régime représentatif et le système des assemblées. Il serait grave que l'opinion française perdît la foi dans la République constitutionnelle.

En réalité, la désaffection n'est pas absolument générale, ni peut-être très profonde. Elle sévit surtout dans les milieux parisiens, dans les classes intellectuelles, dans la bourgeoisie moyenne. Le peuple, lui, continue à choisir des représentants fidèles à la formule traditionnelle de la démocratie représentative.

D'ailleurs ce scepticisme à l'égard des institutions existantes ne se complète pas par ce qui pourrait en être le corollaire : l'adhésion à un autre régime. Ce n'est tout de même qu'une minorité qui obéit aveuglément à son mécontentement, à ses aigreurs, à ses rancœurs. Le désir « d'autre chose » n'est pas pour tous du n'importequisme ou du n'importequoiisme.

Or, si on peut rester froid devant l'institution parlementaire, on lui devient attaché lorsqu'on la compare. Oh ! sans doute, et je suis le premier à le dire et je vais y insister, le parlementarisme français est bien loin de la perfection. Si mon attachement pour lui vient à fléchir lorsque je le considère, il se confirme aussitôt lorsque je le compare. Je ne parle pas des régimes fondés sous l'emploi continu des méthodes de force : par leur définition même ils ne peuvent être que transitoires. Si je me tourne d'un côté, la Chambre vaut mieux que le Soviet ; si je me tourne de l'autre, je répète, après Cavour, que la Chambre vaut mieux que l'antichambre.

Je ne veux pas formuler ici, au pied levé, une appréciation sur le régime fasciste de M. Mussolini. Je retiens seulement que l'Italie était tombée dans un abîme d'anarchie que la France ne connaît pas et qu'elle ne connaîtra pas ; nous n'avons pas encore les ouvriers communistes installés en maîtres dans les usines ni les jacqueries dans les campagnes. Nous n'avons donc pas l'excès de désordre qui excuse, engendre et fait accepter l'excès de réaction. Sans manquer par ailleurs au peuple ami d'au delà des Alpes, on peut bien dire que le peuple italien n'a pas atteint le degré de perfectionnement civique du peuple français ; ce qui est possible, pendant un temps, dans un pays, serait mort-né dans l'autre.

Sans doute, nous avons eu les Napoléon, et le Grand et aussi le neveu, envers qui l'histoire tend tout de même à devenir plus indulgente que le Victor Hugo des *Châtiments*. La France garde le souvenir fidèle et même fier du « conte apocalyptique dont Napoléon fut le héros », pour employer les expressions de Goethe, mais c'est à condition qu'il ne recommence pas. C'est une chose vraiment extraordinaire et admirable que l'inutilité des expériences d'un peuple pour les autres peuples. Mais un peuple se souvient des expériences qu'il a faites lui-même. Nous avons eu nos révolutions sanglantes et aussi nos dictatures et c'est précisément une raison pour qu'elles ne recommencent pas.

Il ne faudrait pas que, à l'intérieur, et surtout à l'extérieur de nos frontières on exagérât des mouvements superficiels autour desquels la presse fait grand bruit mais qui n'ébranlent pas les couches profonde du pays. Les candidats dictateurs ne manquent pas ; mais ce sont personnages de trop mince envergure, de prestige trop terne pour faire peser sur la démocratie parlementaire un véritable danger. Ce sont des aspirants au Consulat qui n'ont pas vu les Pyramides et ne marchent pas vers des Austerlitz. S'il y a, pour la démocratie parlementaire, un péril sérieux, c'est celui de la dictature soit socialiste soit communiste. Les « vacances de la légalité » prophétisées et souhaitées par M. Léon Blum pourraient créer une crise sérieuse. Je suis persuadé d'ailleurs qu'elle ne durerait qu'un jour. Mais il importe d'éviter à notre pays, grand blessé de guerre, le péril d'une pareille conclusion.

Je ne crois pas au danger. Je ne le crains pas. Toutefois, il ne faut pas fermer les yeux. Si le malaise s'aggravait, il y a dans le pays des dépôts d'explosifs qui pourraient bien éclater.

SECTION II

La crise de l'autorité gouvernementale.

« Il n'y a rien. Il n'y a personne » écrivait en 1926 un journaliste de talent, M. Eugène Lautier.

Il y a quelques chefs. Il faut les reconnaître, les dégager, les porter au pouvoir, les y laisser lorsqu'ils s'y trouvent.

J'avais l'avantage de m'entretenir, il y a quelques jours, avec un homme éminent qui a connu tous les honneurs, sauf les honneurs électoraux : ambassades, vice-royautés d'outre-mer, académie. Il a connu les hommes d'Etat de l'Empire comme Rouher et est obligé de reconnaître qu'ils étaient des « messieurs ». Mais, à son âge avancé, il garde l'impression profonde de ses relations avec Thiers et Léon Say. « Des hommes d'Etat de cette taille, me disait-il, existent encore, mais *l'invidia democratica* empêche de les porter au premier plan. Des hommes de la génération qui a suivi Gambetta, Ferry, Waldeck-Rousseau apparaissent comme le souvenir de grands chênes dans une forêt où il n'y a plus que des arbrisseaux ». Il est évident que celui qui voudrait ressusciter le culte des héros, le heroworship, inventé par Carlyle trouverait peu

d'aliments dans le personnel ministériel de ces dernières
années. Toutefois, j'ai la conviction que mon illustre interlo-
cuteur se trompe et que ce qui manque surtout pour juger
nos hommes d'Etat, c'est la perspective. Il y a des chefs. Ce
qui les a empêchés de jouer tout leur rôle et de donner toute
leur utilité, c'est une sorte d'orgueil qui leur a fait croire
qu'avec eux seuls, c'était assez ; que du moment qu'ils étaient
à la tête du cabinet, l'essentiel était atteint et qu'il ne restait
plus qu'à garnir les cases vides de l'échiquier gouvernemental avec des pions quelconques et interchangeables. « Qui
mettrez-vous au Travail, demandait-on un jour à M. Aristide
Briand ? » Alors celui-ci, avec ce sentiment que j'ai tout à
l'heure analysé, répondit : « Cela n'a aucune importance ». Il
peut en effet se passer des années sans que le titulaire d'un
portefeuille secondaire ait un acte important à accomplir.
Mais un jour, la circonstance survient et on s'aperçoit, trop
tard, que le choix que l'on avait dédaigné était cependant
important. Qu'est-ce, dans un ministère, qu'un sous-secré-
taire d'Etat aux stocks ? Et cependant, un jour, le titulaire de
ce demi-portefeuille n'a pas voulu arrêter en francs la dette
de la France sur la base de huit francs le dollar, espérant que
le dollar ne tarderait pas à revenir au pair de cinq francs ...
il est aujourd'hui à 25 francs et la dette de la France est cinq
fois plus lourde...

. L'élite gouvernementale existe. Elle n'est pas dégagée.

Dans ces conditions, les Assemblées, livrées à elles-mêmes,
ne sont plus qu'une masse amorphe, sans directives, hésitan-
tes, incapables de réaliser un plan, de faire aboutir les réformes, et, dans les crises comme celles que nous traversons, de
sauver le pays. Le parlementarisme actuel souffre d'une crise
d'autorité gouvernementale, d'une crise de leadership.

On a parlé, à diverses reprises, de ressusciter un comité de
salut public, à l'image de celui qui en 1793 exerçait le pouvoir au nom de la Convention, une des plus grandes et une
de nos plus patriotes parmi nos assemblées. Mais le comité
de salut public n'était en somme, que la commission de
l'Assemblée chargée du pouvoir exécutif. Or c'est là la définition même du cabinet dans le régime parlementaire au témoi-

gnage des commentateurs de la constitution anglaise. De même notre ministère français, pris dans les Chambres, n'est qu'un comité du Parlement. Pour qu'il joue le rôle du Comité de salut public, il suffit de lui donner l'énergie, la volonté, et cet ascendant psychologue qu'on appelle l'autorité. Il suffit, dis-je. Je ne veux pas dire que ce soit chose facile. Et j'ajoute qu'il n'y a pas de recette constitutionnelle pour réaliser cette réforme.

Les mœurs nouvelles ou ressuscitées il y a quelques années ne sembleraient pas faites d'ailleurs, il le faut reconnaître, pour injecter la vigueur nécessaire à l'autorité gouvernementale. Le régime parlementaire semble sorti de la salle des séances publiques pour passer dans les comités électoraux, dans les groupes ou dans les commissions. M. Caillaux doit démissionner par la volonté du Congrès de Nice, congrès radical, où se réunissent des « militants », des personnalités sans mandat, des ambitieux de chefs-lieux de canton qui font peser sur les élus toute l'aigreur de leurs ambitions rentrées. Aussitôt qu'il s'agit de constituer un ministère, les groupes du cartel se réunissaient dans le secret de leurs bureaux et là prononcent des exclusives contre les personnalités les plus qualifiées : M. Doumer ne peut pas être ministre des finances, parce que, comme sénateur, membre de la Haute-Cour, il s'est, paraît-il, prononcé pour la condamnation de M. Malvy, parce qu'il a été démissionnaire ou exclu de la franc-maçonnerie, parce qu'il n'a pas voté pour le ministère Herriot. Et cette exclusive nous vaut les huit jours de l'expérience Loucheur, huit jours perdus quand les heures sont précieuses. M. Raoul Péret voit se dresser devant lui le veto de M. François Albert avec qui il est en difficulté électorale dans le même département, etc. M. Loucheur est renversé, avant même qu'il soit monté à la tribune comme ministre des finances, par la commission des finances. M. Herriot voit paralysés par son entourage ses efforts en vue de la constitution d'un ministère de concentration loyale, ouverte, franche et affichée.

Nous avons eu une contrefaçon de régime parlementaire, régime parlementaire dans les coins.

Quoi qu'il en soit la dictature de la persuasion exercée par un homme comme M. Poincaré, non à raison de sa popularité mais par le respect dont il est entouré en France et par l'autorité qu'il exerce à l'étranger, est de nature à réhabiliter le régime parlementaire.

Un régime quelconque meurt s'il n'a pas d'élite. Le régime parlementaire ne peut fonctionner que si à la tête du gouvernement, il y a véritablement un chef.

Section III

Là crise du personnel parlementaire.

Machiavel disait : « Le peuple se trompe sur les objets généraux, mais il est éclairé sur les particuliers. Il sait notamment choisir les autorités ». Et Montesquieu déclarait le citoyen non seulement apte à choisir ses représentants, mais encore « admirable » dans ce rôle. Et Montesquieu, qui voulait voir l'antiquité en beau fait ressortir les choix étonnants que les Athéniens firent pour leurs stratèges ou leurs édiles. On ne pense plus aujourd'hui à faire élire des généraux, ou des juges. Le peuple ne choisit plus de techniciens. M. Charles Benoist proclame son incapacité à choisir des représentants ou des gouvernants : « C'est une vérité qui a cours comme la monnaie que la valeur du personnel parlementaire s'abaisse depuis cinquante ans, un peu plus à chaque renouvellement... Depuis une douzaine d'années, il semble difficile de tomber plus bas et, pourtant, tous les quatre ans on tombe plus bas, sans avoir encore touché le fond... La question qui se pose est celle-ci : où il y a démocratie peut-il y avoir gouvernement? »

Le maréchal Pilsusdki a comparé la Chambre à une brasserie où tout le monde parle pendant que l'orateur est à la tribune. Il n'est pas d'institution qui échappe complètement à une caricature systématique. Au risque de sembler peut-être intéressé dans les questions, je témoigne qu'une séance académique est quelque peu différente du tableau qu'en a donné Alphonse Daudet; il ne faut pas juger la magistrature, d'après

la description d'une audience de René Benjamin : il y a des
juges qui comprennent, il y a des magistrats qui ne dorment
pas.

J'ai examiné ce problème du recrutement parlementaire
dans mon livre sur *le Problème de la compétence dans la
Démocratie*. Je ne veux pas y revenir mais je dois affirmer
qu'après avoir connu les faveurs et les disgrâces du suffrage
universel, je reste fidèle à mes conclusions. Y a-t-il de mauvais choix? ce n'est pas douteux. Il y a des représentants du
peuple dont le gouvernement le plus indulgent ne voudrait
pas pour gérer une recette d'enregistrement dans le dernier
canton de France. Mais c'est tout de mê me une exception. Ce
n'est pas la définition du « député moyen ». Ce qui change,
c'est la classe sociale dans laquelle se recrute le Parlement.
La grande bourgeoisie n'y envoie plus que quelques rares
représentants. La bourgeoisie à son tour garde quelque privilège, mais n'a plus de monopole. La somme des talents et
du dévouement à la chose publique reste la même.

Evidemment les barrières du Palais Bourbon laissent passer
autre chose que des héros ou des demi-dieux.

La monarchie de juillet nous a légué un cadeau regrettable
avec le vote public des députés. Si les décisions graves, impo-
sant des sacrifices au pays, étaient prises dans le secret, si on
ne connaissait pas dans quel sens tel ou tel a voté, la crise
serait résolue en quelques jours.

Elle serait résolue encore plus vite si les députés n'étaient
pas rééligibles. Ce n'est pas une solution que je préconise ;
l'expérience de la constituante en la matière est fâcheuse. Un
pays, même un grand pays comme la France n'est pas un
réservoir inépuisable d'hommes. Je dis que, de plus en plus,
la perspective de la comparution prochaine devant le corps
électoral est une cause de paralysie. Mais pour affirmer que
le Parlement actuel voit sa moralité baisser depuis un quart
de siècle, il faut tout de même oublier quelques scandales
retentissants qui ont marqué de quelques ombres l'histoire
de la IIIe République.

Il pourrait y avoir mieux, beaucoup mieux. Ce n'est pas avec des propos pessimistes qu'on améliorera la situation, mais par l'*action*.

Il faudrait faire graver en lettres d'or dans tous les bureaux de vote et il vaudrait mieux encore imprimer profondément dans l'esprit des citoyens la pensée que la Convention assagie avait mise comme couronnement à son œuvre constitutionnelle de l'an III : « Les citoyens n'oublieront jamais que c'est des choix qu'ils font dans les assemblées primaires et électorales que dépendent principalement le bonheur, la tranquillité et la prospérité de la République ».

Section IV

La crise des partis.

Il n'y a plus de partis, ou bien il y en a trop. Ce n'est pas un mal propre à la France ; nous ne vivons qu'avec des blocs, des cartels ou des unions. L'Allemagne en est au même point que nous ; la voilà qui renonce à un gouvernement de parti pour aller à un « ministère de personnalités », la Belgique a connu un gouvernement socialo-catholique. Le schème classique du régime parlementaire à l'anglaise, avec deux partis à peu près d'égale force et se succédant au pouvoir, n'existera bientôt plus que dans les exposés des professeurs de droit constitutionnel.

Le parti socialiste — et c'est peut-être une responsabilté qui lui est légère — a contribué de 1924 à 1926 à fausser le régime. Il a prétendu à être un élément composant de la majorité, à en être même le facteur dominant et il a refusé d'accepter de participer au gouvernement. C'était une situation absolument anormale et féconde en troubles de toute espèce, puisque le parti socialiste, facteur dirigeant, dirigeant avec toute son intransigeance doctrinale dont le maniement direct des affaires publiques n'arrondit pas les angles. Bien des socialistes à l'heure actuelle se rendent compte que l'heure est venue de descendre au milieu des réalités qui ne se plient pas facilement aux volontés *a priori* des hommes.

Facteur dirigeant, le parti socialiste n'était pas un de ces facteurs sur la fidélité inébranlable duquel un gouvernement trouve l'appui nécessaire pour agir au mieux des intérêts du pays. Le Midi socialiste a formulé brutalement la consigne : le parti ne doit pas se compromettre. Ne pas se compromettre, c'est s'abstenir de voter toute mesure impopulaire. Or il est toujours impopulaire de voter soit des impôts soit même des économies. Le parti socialiste a constamment manœuvré en vue non seulement du renouvellement normal de la Chambre mais encore en vue de l'éventualité possib e d'une dissolution. Chaque fois qu'il y a eu une mesure impopulaire à voter, il s'est retiré de la majorité, et le gouvernement a dû recourir à « ces majorités de rechange » qui sont évidemment contraires au régime parlementaire. Il s'agit de voter les crédits pour le Maroc et la Syrie ; le parti socialiste sort de la majorité. Il s'agit de voter quelques mesures financières qu'imposent les circonstances : le parti socialiste sort encore de la majorité. Il se réserve peut-être d'y rentrer lorsque le mauvais pas sera passé. Il tenait à revenir devant le corps électoral avec tout l'éclat de sa virginité.

Les associés, les radicaux, se trouvent fort embarassés. Ils tiennent d'autant moins à se compromettre que leur alliance avec les socialistes n'est pas dépourvue d'aigreurs, de rancœurs, de rivalités, de méfiances. Et comme le parti radical était l'axe de la majorité depuis le onze mai, cette majorité se trouve par cette surveillance réciproque, réduite à une sorte d'impuissance.

Depuis 1926, depuis l'avènement du ministère Poincaré, le parti socialiste est revenu dans l'opposition. Mais il reste un malaise résultant de ce que les radicaux s'allient aux partis modérés dans la Chambre et au gouvernement, tandis qu'ils s'allient aux socialistes dans le pays, devant le corps électoral.

Cette situation paradoxale entretient le malaise. Mais elle n'est pas inhérente à la démocratie.

Section V

Le péril syndicaliste.

Lorsque Waldeck-Rousseau fit voter en 1884, la loi sur les syndicats professionnels, il ne pensait pas que, quelque jour, les fonctionnaires publics se serviraient de cette institution nouvelle, pour contrebalancer l'autorité hiérarchique et mettre en péril la puissance même de l'Etat. Lorsque ce même homme d'Etat dota la France de la loi de 1901, sur les associations, il ne prévoyait pas davantage que quelque jour, les agents de l'Etat se serviraient, dans le même esprit, de ce nouvel instrument de liberté.

Cependant, tous les hommes soucieux de l'ordre public établissent une différence entre ces deux formes d'action collective : ils n'admettent pas que les fonctionnaires usent de la loi de 1884 et, contre de trop longs abus, ils tiennent à interrompre la prescription au nom de la légalité.

Il est toutefois des mouvements irréversibles ; un des plus marquants de notre époque est celui qui pousse les hommes à se grouper pour défendre leurs intérêts. Cette tendance est si puissante que les régimes les plus dictatoriaux de l'heure présente ne se sont pas dressés contre elle ; ils ont tenté de le canaliser et, dans la mesure du possible, de l'asservir.

Tous les groupements qui s'interposent entre la puissance politique et l'individu constituent un péril pour la conception traditionnelle de l'Etat. Nous sommes cependant des hommes de notre ère, et nous ne prétendons pas supprimer les écueils en les ignorant. Nous sommes, suivant l'heureuse expression d'un des plus brillants de nos amis, des républicains modernes.

« Le vrai d'hier, déjà incomplet ce matin, sera demain tout à fait dépassé et laissé derrière. Les moules fixes à peine, deviennent aussitôt trop étroits et insuffisants... Ne nous figeons pas ; tenons nos esprits vivants et fluides ». Ces pré-

ceptes que Sainte-Beuve s'imposait pour lui-même, dans ses
« Poisons », à l'égard de l'évolution des genres littéraires,
faisons·les nôtres en ce qui concerne les transformations des
institutions politiques. Ne laissons pas nos cerveaux se scléro-
ser dans des conceptions dépassées ; admettons que la puissance publique dans la démocratie du xxᵉ siècle peut avoir
une physionomie différente de celle qu'a connue le régime
napoléonien. Nous croyons cependant, qu'il y a des règles
essentielles sans lesquelles les sociétés politiques, incapables
de vivre, seraient condamnées à végéter dans une complète
anarchie.

De toutes les formes de l'action collective des individus,
celle qui fait courir à l'Etat les plus mortels dangers, c'est
incontestablement celle des fonctionnaires.

Les abus du syndicalisme des fonctionnaires inspirent à
tous les hommes d'Etat véritables, les plus vives préoccupations.

Ceux qui veulent garder jusqu'au couronnement de leur
carrière le titre envié de « jeunes », ceux qui prétendent,
dans toutes les circonstances et dans tous les cas, occuper des
postes d'avant-garde, ont trouvé, pour le mal qu'ils stigma-
tisaient, un remède assez étrange. Il s'agit — trois orateurs,
M. Caillaux, M. Paul Boncour, M. de Jouvenel, nous le
disaient récemment, dans des manifestations retentissantes —
il s'agit d' « incorporer » les syndicats de fonctionnaires dans
l'Etat, ou, suivant une expression encore plus mystérieuse, de
les y « intégrer ».

Avouerai-je que « je ne sais pour quelle cause, je ne distin-
gue pas très bien » et que je demande qu'on éclaire la lan-
terne. Lorsqu'Auguste Comte dit qu'il faut incorporer le prolétariat dans l'Etat et dans la démocratie, je comprends. Le
prolétariat a pris une place qu'il était bien loin d'avoir sous
Louis-Philippe.

Mais que, en présence des dangers que le syndicalisme des
fonctionnaires fait courir à la discipline, au bon fonctionnement des services publics et à l'intérêt des citoyens, on
propose d'en augmenter l'autorité morale, alors, je ne comprends plus.

Le groupement des fonctionnaires est un fait. Il est permis de le déplorer. Il est légitime de préférer d'autres conceptions de la puissance publique. Dans l'état actuel de l'opinion publique, avec la liberté de la presse que personne ne prétend diminuer, avec la diffusion des journaux que personne ne veut restreindre, il n'est aucun homme d'Etat, ayant une responsabilité dans l'action, qui veuille méconnaître ce fait.

Mais le devoir est de l'adapter aux nécessités vitales de la nation.

C'est affaire d'action gouvernementale.

C'est aussi affaire de réforme législative.

La législature actuelle devra, avoir le courage d'aborder dans son ensemble la question du statut de la fonction publique.

Il sera nécessaire, tout d'abord, de donner aux serviteurs de l'Etat des garanties contre l'arbitraire. Dans cette voie, on ne devra pas aller jusqu'à satisfaire les aspirations démagogiques de certains groupements qui demandent que l'avancement ait lieu exclusivement à l'ancienneté. Il ne faut pas décourager les bons fonctionnaires.

La loi devra aussi réglementer l'action collective des agents de l'Etat, assigner les limites légitimes à son domaine et des bornes à son action.

D'abord, il est une région interdite dans laquelle l'action collective, sous quelque forme que ce soit, ne doit pas pénétrer : c'est celle de l'armée.

Il n'est pas un républicain digne de ce nom qui puisse avoir une hésitation sur ce point. Et, si on gardait quelque foi en un minimum de justice dans les querelles politiques, on pourrait s'étonner que ce soit la presse conservatrice qui ait lancé quelques flèches à M. Painlevé parce qu'il a interdit « l'Echo de la Gendarmerie ». Il a bien fait.

Dans les domaines où elle est installée, l'action collective doit être maintenue dans de telles bornes qu'elle ne puisse pas nuire au bon fonctionnement des services publics.

Nous ne pouvons admettre qu'elle substitue son irresponsabilité à la responsabilité des supérieurs hiérarchiques. Admettons le groupement, à protester, même par recours devant le Conseil d'Etat, contre les injustices commises ; mais que, dans les mouvements, dans les mutations, dans l'avancement, il ne gêne pas la liberté des supérieurs hiérarchiques. Que ceux-ci, dans l'intérêt des services publics, conservent l'indispensable pouvoir d'encourager les bons et de rappeler les autres au sentiment du devoir.

Ce qui serait particulièrement intolérable et ce qui, cependant, menace, c'est qu'à l'ancien arbitraire administratif vint se substituer un favoritisme syndical qui serait aussi décourageant pour les fonctionnaires consciencieux.

La revendication avec menace de grève ou de sabotage, qui entre de plus en plus dans les mœurs syndicalistes, est absolument inadmissible ; elle ne peut pas être accueillie ; elle doit être réprimée.

Il est urgent de reconstituer dans ce pays la conception, dégagée par la Constituante, que la nation est souveraine, qu'elle délègue l'exercice de la souveraineté aux Chambres et au gouvernement et que les fonctionnaires sont ses serviteurs. Rendons sa noblesse au verbe « servir ».

Les groupements seront admis à émettre des vœux, non des ordres.

Si l'on veut empêcher l'Etat de s'enliser dans une déliquescence anarchique, il importe, en face de l'audace croissante du syndicalisme de restaurer l'autorité. « Cran et cran », disait, naguère, un ancien ministre. L'heure est venue de la volonté dans l'Etat. Le régime de la démocratie représentative n'est pas une tente pour le repos.

Section V

La crise de la méthode parlementaire.

On peut améliorer les méthodes parlementaires.

Oh ! je sais que cet aspect du problème est considéré avec un singulier dédain par nombre de publicistes. Une réforme de la méthode ne serait rien autre chose qu'un coup de plumeau sur un mobilier vermoulu.

Cependant, en dépit de ses apparences modestes, le problème de la méthode touche de très près à l'avenir de la démocratie représentative, donc à la destinée des principes politiques dégagés par la Révolution. Il n'est pas douteux que l'attention générale est vivement attirée par la séance publique et qu'une partie de l'opinion s'intéresse moins à ce qui y est fait qu'à la manière dont c'est fait. De ce point de vue, la Chambre a de grands devoirs envers elle-même, envers le pays et, dans une certaine mesure envers le monde.

En France, il y a dans une partie de l'opinion une certaine désaffection à l'égard du parlementarisme. La démocratie libérale apparaît à certains, et à droite et à gauche, comme un système qui a fait son temps et désormais périmé. Le régime parlementaire est représentée comme ayant été inventé pour une Angleterre de quinze millions d'habitants, alors que quelques centaines d'élus pris parmi l'élite des grandes familles suffisaient à représenter un peuple sans grands besoins, sans grande activité économique ou politique. D'aucuns affirment qu'il ne répond plus à la complexité des besoins d'un grand peuple moderne. Et, de tous les côtés, on entend fulminer contre lui des déclarations d'imprudence et de carence. Est-ce donc que nos pères auraient eu tort de faire des révolutions et de verser leur sang pour la démocratie, le régime représentatif et le système des assemblées ? Nous ne pouvons le croire. Le gouvernement parlementaire a ses inconvénients, comme tous les autres gouvernements. C'est pourtant le meilleur. Si notre attachement pour lui venait à fléchir lorsque nous le considérons, il se confirmerait si nous le comparions.

Le régime parlementaire traverse à l'heure présente une rude épreuve ; c'est celle de la crise financière. Il faut qu'il se montre capable de la conjurer. M. Tardieu pouvait dire naguère, dans son discours de Belfort, que la Chambre élue en 1928 « va jouer la dernière carte du parlementarisme ».

Sans doute, parmi les attaques dirigées contre la démocratie représentative, il en est qui sont inspirées par l'igno-

rance, l'erreur, la passion ou la mauvaise foi. Mais ce n'est
pas une raison pour se figer dans une immobilité orgueilleuse
et se refuser à tout perfectionnement. La meilleure défense
contre le règne antiparlementaire c'est de fortifier les points
faibles.

La discussion est bonne; l'abus seul est nuisible. — Dans son
essence le régime parlementaire est, avant tout, réflexion,
discussion, délibération, contrôle. C'est par là qu'il est grand
et fécond. Les gouvernements ont besoin qu'on leur résiste,
qu'on leur dénonce continuellement leurs erreurs, leurs
négligences, leurs maladresses ; le rôle nécessaire inappré-
ciable d'une Chambre est de « fournir à la nation un comité
de griefs et un congrès d'opinions ». Mais en voyant dans la
liberté la meilleure garantie des intérêts sociaux, nous ne
devons pas nous faire illusion sur ses inconvénients et ses
périls. Le régime de libre discussion est lent, il est lourd.
Tant que ces caractéristiques ne dépassent pas un certain
degré, il faut savoir les accepter. Qui aime la liberté, doit
savoir en supporter les désavantages. Le péril, grave, apparaît
avec l'exagération. Il ne faut pas que la réflexion nuise à la
décision, que la discussion retarde indéfiniment le vote, que
la délibération paralyse l'action, que le contrôle détruise
l'autorité.

*La production parlementaire est considérable dans sa quan-
tité; elle est insuffisante.* — Certes, les chiffres sont là pour
répondre à la calomnie que, dans le Parlement moderne, la
parole noie les actes. C'est par centaines que se comptent chaque année les lois publiées au *Journal officiel*; au 31 décembre 1925, la législature précédente avait procédé à 409 scrutins
publics, sans compter les innombrables votes à mains levées.
Le 27 mai avait lieu son 624ᵉ scrutin public.

Du 4 novembre 1924 au 12 juillet 1925, la Chambre a
adopté, en dehors du budget, 279 projets ou propositions de
loi dont on trouve l'énumération dans l'*État des travaux
législatifs*, 1925, pages 28 à 60.

L'opinion ignore ces résultats ou refuse d'y arrêter son
attention. Elle reproche trop souvent à la Chambre de les
acquérir avec des efforts disproportionnés, avec des sessions

trop longues, a.ec des séances trop nombreuses, avec des délibérations démesurées.

Nombre exagéré des séances et durée excessive des sessions. — On critique d'abord le nombre exagéré des séances et la durée excessive des sessions.

Sur ce point, on a trop souvent l'occasion de lire des reproches injustes, tout au moins dans leur forme, leur expression et la manière dont ils sont présentés. La presse doctrinaire bourgeoise, représentée surtout par deux grands journaux du soir, semble s'en être .ait une spécialité. Elle rappelle que la loi constitutionnelle du 16 juillet 1875, dans son article 1er déclare : « Les deux Chambres doivent être réunies en session cinq mois au moins chaque année ». Ce *minimum* qui, dans la lettre de la constitution est fixé pour limiter la liberté du pouvoir exécutif dans son pouvoir de clore la session est présenté comme étant dans l'esprit de la constitution, le maximum pratique de la durée annuelle des travaux parlementaires. Ce ne serait que par un abus véritable que la session ordinaire se prolongerait au delà de ce minimum constitutionnel et qu'il y aurait chaque année une session ordinaire.

La presse bourgeoise doctrinaire tire de ces prémisses contestables des conclusions discutables : notamment celle-ci que, la session durant cinq mois, conformément à l'esprit de la constitution, le député peut et doit continuer le métier qui le faisait vivre avant son élection et que par conséquent l'indemnité parlementaire ne doit pas avoir le caractère et l'importance d'un traitement. Nous n'avons pas à signaler ici la contradiction de ces thèses que l'on est surpris de trouver dans des journaux couramment qualifiés de graves avec le texte des lois organiques qui déclarent qu'en principe l'exercice des fonctions publiques est incompatible avec le mandat législatif; si même, cet exercice était théoriquement compatible, on ne voit que peu de fonctions publiques, dont le titulaire pourrait s'absenter cinq mois par an. Si d'autre part, il existe des affaires qui n'exigent pas la présence continuelle *du patron*, il en est tout différemment du plus grand nombre des emplois privés, ingénieurs, comptables, vendeurs... Il est d'autre part certaines professions libérales, comme celles de médecin ayant une clientèle locale en province, qui ne supportent pas un exercice intermittent. Que certaines professions *à Paris* puissent être menées de front avec un .nandat législatif, on pourrait peut-être le soutenir. Et encore le mandat législatif suffit à l'activité normale d'un homme ; j'entends le mandat législatif rempli jusqu'aux cas effacés de ses devoirs : assiduité aux séances publiques, participation aux travaux des commissions, rédaction des innombrables rapports nécessaires à la production législative mais sans retentissement à l'extérieur et sans profit pour celui qui les rédige.

De plus en plus ce rêve d'un homme occupé, à la tête d'une affaire consacrant sa matinée à la direction de ses intérêts privés et réservant quelques heures de son après-midi, quelques mois par an, à la gestion des affaires publiques est un rêve périmé irréalisable dans les conditions actuelles.

C'est faire dire à l'article 1er de la loi du 16 juillet 1875 bien autre chose que ce qu'il dit que de présenter comme un maximum ce qui n'est qu'un minimum. Autrement, voilà une prétendue règle constitutionnelle qui n'aurait jamais été appliquée, pas même au lendemain de la promulgation de la constitution.

Dans tous les cas, les conditions de 1928 sout toutes différentes de celles de 1875. On croirait, à entendre certains doctrinaires, que c'est par une sorte de manie professionnelle que les parlementaires multiplient les séances, par une sorte de sadisme analogue à celui qui faisait crier au juge des Plaideurs : « Je veux aller juger ». La prolifération des séances est en réalité la conséquence directe de la prolifération des propositions et des projets.

Les devoirs des Chambres actuelles sont infiniment plus lourds que ceux des Chambres anciennes. — On persiste à juger la Chambre actuelle d'après ses devancières. Notre parlementarisme est étayé sur des traditions. Il en est aussi encombré. Le cadre est resté le même. Les six cents députés d'aujourd'hui s'entassent dans le local qui avait été construit pour les quatre cents députés du temps de Louis-Philippe et où les trois cents membres du Corps législatif du Second Empire étaient largement installés.

Sur le bureau présidentiel, qui a été inauguré pour le Conseil des Cinq-Cents, tinte la sonnette imaginée pour calmer les petites agitations de quelques députés bourgeois élus par deux cent mille électeurs censitaires. Le parlementarisme contemporain diffère profondément de ceux dont ce cadre et ces accessoires ont été les témoins muets. Si la tâche qui leur incombe demeure la même dans son essence, les ordres de grandeur sont profondément différents. En 1831, il y eut 31 projets du gouvernement, 10 propositions dues à l'initiative parlementaire, 41 lois ont été votées. Par conséquent, toutes les initiatives ont abouti, au cours de l'année, à leur conséquence logique et finale : l'adoption définitive. En 1920, il a été déposé par le gouvernement 478 projets et, par les députés, 500 propositions. En chiffres ronds, cela représente 1.000 initiatives au lieu de 41 en 1831. Pour ces 1.000 projets ou propositions, 536 rapports ont seulement été déposés et 210 lois ont été votées. La machine parlementaire, malgré la multiplication des séances, ne suffit plus à la demande. Dans la session ordinaire de 1921, la Chambre a été saisie de 288 projets de loi, de 360 propositions d'initiative parlementaire et de 16 propositions provenant de l'initiative du Sénat, ce qui donne un total de 604 affaires pour la seule session ordinaire. Il suffit de prendre un volume de ce Recueil des principales lois d'intérêt général, publié par le Secrétariat général de la présidence pour se rendre compte de l'évolution des conditions du parlementarisme : en 1923, le *Journal officiel* a publié 277 lois qui avaient été au préalable votées par les deux Chambres.

Mais ces chiffres ne donnent d'ailleurs qu'une idée tout à fait insuffisante des conditions toutes spéciales qui s'imposent au parlementarisme d'aujourd'hui. En plus des lois, des interpellations, des résolutions, les Chambres votent le budget. Le budget d'un grand Etat moderne d'après-guerre, avec ses chiffres astronomiques, aurait donné le vertige aux parlementaires du temps du baron Louis ou de M. de Villèle. Les députés de la Restauration avaient à examiner un budget d'un milliard (925.000.000 francs en 1815) ; le gouvernement soumet aux Chambres d'aujourd'hui un budget de 35 milliards. La proportion des charges est donc de 1 à 35, ces chiffres ne s'expliquent pas seulement par la dépréciation de la monnaie, mais encore par la multiplication des dépenses dans leur montant et dans leur diversité. La tâche des Chambres s'accroît encore par le développement légitime et nécessaire du contrôle parlementaire. La « spécialité » croissante des crédits, qui est inséparable du progrès de la liberté politique complique la tâche du député : er 1817, la Chambre votait en bloc le budget de chacun des 7 ministères ; en 1821, elle statuait sur 31 chapitres ; en 1827, elle votait sur 52 sections, la spécialité des crédits ayant fait des progrès ; en 1831, elle avait à se prononcer sur 116 chapitres ; en 1872, sur 338 ; en 1877, sur 400 ; aujourd'hui, elle examine 1.500 chapitres. En 1820, la discussion qui paraissait alors approfondie des 31 chapitres du budget a demandé 16 séances ; la discussion du budget des recettes a été épuisée en 7 séances. A quelles critiques ne s'exposerait pas le Parlement s'il dépêchait en un si court délai la discussion d'un budget trente-cinq fois plus important. M. Herriot pouvait dire très justement dans son discours du 23 avril 1925 : « La discussion d'un budget qui dépasse 30 milliards suffirait à occuper vos sessions. »

Il n'est pas d'ailleurs nécessaire de remonter à Charles X ou même à Louis-Philippe. C'est même depuis quelques années que l'encombrement de l'ordre du jour a empiré. Avant la guerre, chaque année la discussion du budget était marquée par un grand débat. Aujourd'hui, l'examen sérieux du budget suffirait à l'activité normale des Assemblées. Mais en outre, les « grands débats » se succèdent sans interruption.

Les séances sont nombreuses parce que les lois elles aussi se multiplient ; et à leur tour, les lois se multiplient parce que les besoins auxquels elles répondent se multiplient également. Les fonctions de l'Etat sont devenues infiniment complexes ; il n'est plus seulement législateur, juge et gendarme ; il est devenu hygiéniste, il est devenu paternel ; il veille à la santé publique, il lutte contre la maladie, la vieillesse, la misère, contre toutes les faiblesses et contre toutes les infériorités de l'homme. Toutes ces fonctions se traduisent par des réglementations nouvelles ; ces réglementations par des lois. Les phénomènes économiques se précipitent à une allure saccadée et parfois désordonnée que, bon gré mal gré, le législateur est obligé de suivre. Après les cinq années de destruction systématique, le problème du logement est apparu comme ne relevant plus décidément de la libre concurrence. Pas à pas, jour par jour, il a fallu fournir la solution du moment à des problèmes qui se posaient toujours les mêmes mais dans des conditions toutes différentes : « Plus la vie sociale ou économique devient complexe, disait M. Herriot dans son discours présidentiel du 23 avril 1925, plus l'intervention du législateur y est réclamée, pour garantir ici les lois de l'hygiène, là les droits du travail, plus l'œuvre du Parlement, limitée jadis à l'action politique se complique et s'étend ».

Le besoin de solutions législatives s'est multiplié dans des proportions qu'il était impossible de prévoir, entraînant lui-même une multiplication des séances du matin, de l'après-midi ou même de la nuit, multiplication qui ne suffit pas encore à donner un débit satisfaisant à la machine législative.

Quel que soit le nombre des séances elles ne suffisent pas toujours à l'examen des sujets d'importance capitale. Pour le budget de 1926, un accord spontané des orateurs a permis la suppression pure et simple de la discussion générale du budget des affaires étrangères. On ne peut pas dire que ce soit un remède pire que le mal. Mais c'est un remède fâcheux. Certes les discussions générales, celles du budget, celle de la loi de finances, celle des budgets particuliers réclament une réglementation, un ordre, une discipline, une méthode. C'est surtout vrai de la discussion générale du budget des affaires étrangères : l'ordre des orateurs étant celui de l'inscription on saute de Moscou dans le Vatican, du Maroc en Georgie. Mais la suppression totale de la discussion générale équivaut à un affaiblissement regrettable du contrôle du Parlement sur la politique étrangère. Sans doute, subsiste la procédure des interpellations ; mais elle devient de plus en plus lourde à mettre en mouvement. La xiiie législature a eu seulement deux débats limités sur la politique étrangère : le premier sur

Locarno, le second sur la Syrie ; encore ce dernier fut-il à peu près entièrement consacré à la personne du général Sarrail, beaucoup plus qu'à la question du mandat lui-même. Dans la plupart des pays directement intéressés (Angleterre, Suède,...) des débats préalables ont porté sur l'Assemblée de la Société des Nations qui s'est tenue à Genève au mois de mars. En France, on n'y pouvait penser. Je ne crois pas qu'on ait eu à se féliciter du silence du Parlement. Quel que soit le nombre des séances, on arrive toujours à constater un embouteillement.

La multiplication des séances découle donc de la force des événements beaucoup plus encore que de la volonté des hommes.

Elle n'en est pas moins un phénomène fâcheux. Les inconvénients qui en découlent, nous les connaissons et nous les ressentons chaque jour. Les séances quotidiennes et trop souvent biquotidiennes coïncident inévitablement avec les séances des commissions, des groupes politiques, des groupes d'études, des bureaux. Cet inextricable chevauchement des travaux nuit à leur qualité et à leur fécondité. Si l'on ajoute que les députés doivent un minimum de visites dans les ministères et les administrations publiques ; qu'ils doivent faire face à une correspondance souvent écrasante ; que la plupart des élus éprouvent le besoin de travailler, de lire, de réfléchir, d'étudier les problèmes, on voit que l'accomplissement des devoirs parlementaires devient chaque jour plus difficile à un représentant qui n'est pas doué du don d'ubiquité.

Les débats sont surchargés ; et, dans ces conditions, on emploie trop souvent le système qui consiste à aboutir par la fatigue ; on arrive à tenir dix-huit heures de séance en une seule journée, ce qui dépasse évidemment les forces humaines. Le pays hésite à s'incliner devant l'autorité de décisions prises vers l'aube par quelques députés balbutiant et défaillant de fatigue.

Le même encombrement, compliqué par le désir de donner satisfaction à des besoins divers, entraîne cet extraordinaire chevauchement des débats qui n'est pas fait pour rehausser leur lustre. L'interpellation sur les tarifs des chemins de fer s'est prolongée sur plusieurs semaines. Il apparaît bien que le Parlement de 1928 est comme une usine construite avant guerre, pour une production donnée et qui ne peut suffire aujourd'hui à une production décuplée. Il faut la remanier, la refondre, la reconstruire.

Donc il faut réduire le nombre des séances. Et par contre, la nécessité des interventions législatives devenant de plus en plus fréquente entraîne une multiplication des séances. Comment sortir de ce cercle enchanté ?

On peut réduire le nombre des séances à la condition de les rendre d'abord plus méthodiques, donc plus fécondes. La question du contenant est étroitement liée à celle du contenu.

C'est pourquoi la résolution du 15 juillet 1926 s'efforce simultanément d'accroître le rendement effectif des séances et d'en diminuer le nombre.

Pour rendre la séance plus féconde, pour accroître son rendement, il reste beaucoup à faire, bien des efforts à tenter, de nombreuses réformes à réaliser. Mais la résolution du 15 juillet 1926 a apporté la réforme capitale sans laquelle aucune autre ne pouvait produire ses effets. Elle a réglementé le droit de parole.

La réforme, depuis longtemps réclamée, a été rendue indispensable par le changement des mœurs parlementaires et du milieu social dans lequel se recrutent les Chambres. — Dans les débuts du régime parlementaire, sous la Restauration et la Monarchie de juillet, les Chambres étaient peu nombreuses, composées exclusivement de bourgeois élus eux-mêmes par des bourgeois. Dans cette période primitive, il était à peine besoin d'un règlement écrit pour les séances publiques. Dans tous les cas, ce règlement n'avait pas besoin d'être pourvu de sanction. On était entre gens pour lesquels certaines convenances mondaines sont plus fortes que les lois. Le 6 avril 1821, Benjamin Constant se refusait énergiquement à prévoir qu'un orateur se cramponnerait à la tribune s'il voyait qu'il fatiguait la Chambre. Cependant, ce qu'il se refusait à prévoir n'est que trop arrivé. Il semble même qu'il n'ait pas fallu attendre longtemps. Déjà, en effet, au moment même où

Benjamin Constant se refusait à admettre jusqu'au principe
même d'un règlement, les premières atteintes du mal se fai-
saient déjà sentir, tout au moins s'il en faut croire les déclarations formulées par M. de Hautefeuille dans la même séance :
« N'avez-vous pas vu des orateurs qui, bravant à la fois et les
avertissements du président et l'impatience de l'Assemblée,
n'en ont pas moins parlé pendant des heures entières, sur des
sujets entièrement étrangers à l'objet de la discussion ».

L'affaiblissement de l'autorité présidentielle. — A la séance
du 15 juillet, M. Léon Blum déplorait que l'autorité du président fût dégradée, et demandait qu'elle fût rétablie par une
adhésion unanime de la Chambre tout entière.

Dans l'affaiblissement de toutes les autorités, il eut été sur-
prenant que seule l'autorité du président de la Chambre res-
tât intacte. Comme on ne peut pas compter sur la déférence
envers l'assemblée pour limiter les discours, on ne peut pas
compter non plus et exclusivement sur l'autorité présidentielle. Ce n'est pas là un phénomène exclusivement français.
L'autorité du speaker de la Chambre des communes est incom-
parablement plus efficace que l'autorité du président de la
Chambre française. Mais il semble aussi que le respect de
l'autorité du speaker perde un peu de son caractère religieux.
Pendant longtemps, il a suffi de la menace par le speaker
d'appeler un représentant par son nom au lieu de le désigner
par la circonscription qui l'a élu pour le faire rentrer dans
l'ordre. Mais encore aujourd'hui, le speaker interpelle rude-
ment l'orateur et lui dit : « Monsieur, vous fatiguez la Chambre par vos fastidieuses répétitions ; je vous retire la parole ».

En France, dans le premier âge du parlementarisme, le
président se considérait comme autorisé à faire comprendre
à un orateur qu'il abusait du temps de la chambre. A un
orateur qui se plaignait que sa voix fût couverte par les conversations et qui demandait au président de le faire écouter,
Royer-Collard répondit brutalement : « Faites qu'on vous
écoute ». Dans ses Mémoires, Dupin expose qu'il a réussi à
faire évacuer la tribune par des orateurs qui s'y attardaient.
Ces temps sont passés. Aujourd'hui, le président ne se croit
même plus autorisé à employer la formule atténuée et cour-

toise : « La Chambre vous serait reconnaissante d'abréger ». L'article 45 du règlement pose le principe capital que l'orateur doit se renfermer dans la question ; s'il s'en écarte, le président l'y rappelle. Si l'on consulte le *Traité de droit politique* de M. Eugène Piere, on voit que le rappel à la question tend à devenir une curiosité historique. Il est souvent remplacé par la formule : « L'orateur est maître de sa discussion ». La tradition protège la liberté de l'orateur plutôt que la liberté de l'assemblée. A la première constituante, Mounier avait combattu une proposition de limitation du temps de parole par ce motif que « c'est à la sagesse du député à s'arrêter où il doit et à la prudence du président de le ramener à l'ordre s'il arrive à un honorable membre de s'emporter au delà des justes limites du temps ». L'expérience a infligé à Mounier le plus éclatant des démentis et personne n'a pu compter sur la « prudence du président » pour économiser le temps des assemblées.

La disparition de la timidité. — D'autre part, à mesure que le parlementarisme vieillit, les orateurs sont plus nombreux, mais aussi, ils deviennent plus longs. Sous la monarchie de juillet existait encore ce phénomène des députés qui ne savaient pas parler. Le nombre extrêmement restreint des électeurs faisait de la campagne électorale une campagne de visites beaucoup plus qu'une campagne de réunions. Au moment du renouvellement de la Chambre, Dupin put partir pour faire un séjour en Angleterre et fut réélu sans paraître dans sa circonscription. Balzac a décrit ces mœurs électorales d'une façon pittoresque, dans le *Député d'Arcis*. Il en résultait que des députés pouvaient entrer à la Chambre sans avoir aucune expérience de la parole publique. Dupin pouvait calmer un orage parlementaire par cette menace : « si les interrupteurs continuent, je leur donnerai la parole ». Pareille parole serait aujourd'hui singulièrement imprudente !

Dupin raconte dans ses Mémoires qu'un jour il avait reçu tellement d'amendements qu'il les installa dans sa main comme un jeu de cartes en éventail et les montra ainsi à la Chambre qui en fut fortement impressionnée. Il en avait bien reçu une dizaine. Or, sur le projet dressé par la commission des finances en 1926 pour procurer des ressources nouvelles, cent un amendements avaient été déposés. Dupin n'aurait pu matériellement reproduire son geste. Chaque amendement ouvre un débat ; il est soutenu par son auteur, combattu par quelqu'autre orateur. La machine parlementaire devient d'une inquiétante lourdeur !

Les progrès de la prolixité. — En même temps qu'ils devenaient plus nombreux, les orateurs devenaient également plus longs. Nous n'avons aucune raison d'être *laudatores temporis acti.* Il y a dans les Chambres françaises modernes, autant de talents que dans les Chambres de n'importe quel temps et de n'importe quel pays. Mais les orateurs sont devenus incontestablement beaucoup plus longs. Si on feuillette les comptes rendus parlementaires, on ne trouve pas, soit sous la Révolution, soit sous la monarchie parlementaire, des discours tenant toute une séance et, à plus forte raison, de discours s'étendant sur plusieurs séances. On parlait autrefois pour l'assemblée, pour produire une impression sur elle, pour influer sur ses décisions. On parle aujourd'hui pour l'assemblée ; mais la diffusion de la presse fait aussi qu'on parle pour le pays et pour les électeurs. Les discours les plus célèbres et les plus décisifs de Mirabeau duraient vingt minutes. Le 26 septembre 1789, il en prononça trois, dont le plus fameux, d'une actualité redoutable qui se couronnait par l'apostrophe fameuse : « La banqueroute est à vos portes et vous délibérez ». Ces trois discours, tiendraient, au témoignage de M. Aulard, en six colonnes du *Journal officiel.* On objecte sans doute que la sténographie n'était pas encore inventée ; la reproduction des discours n'était pas *verbatim* ; mais, on peut se rendre compte cependant que les discours étaient prononcés pendant un certain nombre d'heures de la journée. Danton était bref. Robespierre qui passait pour verbeux n'a cependant jamais prononcé de discours qui puissent être rapprochés comme dimension de ces discours modernes qui s'étalent sur trente ou quarante colonnes du *Journal officiel.* Sous la Restauration, un discours d'une heure semblait interminable : « Il est inadmissible, disait M. de Montbron, qu'un orateur, après avoir envahi la tribune, *s'y berce pendant une heure entière...,* tantôt au milieu des orages de l'impatience, tantôt à la faveur du calme de l'assoupissement... » Combien on devrait se féliciter si les excès verbaux se tenaient dans cette limite.

Ce n'est pas ici le lieu de rappeler les vieux principes de la sagesse littéraire tels qu'ils sont établis depuis des siècles. Il faut semer avec la main et non avec le sac, disaient les anciens. Le secret d'ennuyer est de vouloir tout dire, précisait Voltaire. Et nous devinons ce qu'aurait voulu dire Pascal, lorsque, dans le manuscrit des *Pensées*, il inscrivait cette note : « Le docteur qui parle un quart d'heure après avoir tout dit, tant il est plein de désir de dire ». — Quelles que soient l'autorité et l'ancienneté de ces préceptes de sagesse et d'habileté, les orateurs ne s'y conforment guère et ce n'est pas leur réputation oratoire qu'il s'agit de sauvegarder. C'est l'intérêt général qui a inspiré la résolution. La prolixité empêche les réformes d'aboutir et le budget d'être voté à temps ; le retard du budget peut paralyser pendant des mois les ressources nouvelles, aggraver les difficultés de trésoreries et par conséquent coûter des milliards au budget.

La préoccupation de limiter les discours est contemporaine en France, du régime représentatif. — L'idée d'apporter une limitation à la durée des discours n'est pas nouvelle. On peut même dire qu'elle est née en France en même temps que le régime représentatif. C'est le 3 août 1789, en effet, qu'un député du nom de Bouche, avocat d'Aix-en-Provence « colistier » de Mirabeau, demanda à la Constituante de fixer un maximum à la durée des discours sur la constitution : « Messieurs, dit Charles-François Bouche, nous sommes arrivés au moment de la constitution. Chacun s'empresse de communiquer ses idées, chacun vient ici faire briller ses talents et son génie ; ces discours d'apparat sont sans doute fort agréables pour les auditeurs ; mais ils ne le sont pas autant pour l'Assemblée nationale. Il y aura peut-être deux cents personnes qui parleront sur la constitution, et l'on sent bien quels sont les retards qu'une telle abondance de paroles apporte à l'empressement que nous avons de former la constitution. Je propose un moyen d'accélérer nos délibérations ; c'est d'inviter M. le Président à mettre sur son bureau un sablier de cinq minutes seulement et de décider que, quand l'un des bassins sera rempli, M. le président avertira l'orateur que son temps est passé ». Un curé du Poitou, l'abbé Dillon marqua son goût du progrès en repoussant le sablier, accessoire rappelant par trop l'ancien régime et demanda que le président mît simplement sa montre sur la table et arrêtât l'orateur à l'expiration du temps indiqué. Target, député de Paris, avocat et académicien proposa un double amendement ; il trouvait exagérée la limitation à cinq minutes et proposa à la place de la limitation du temps de parole, la limitation du nombre des orateurs : « Je propose qu'après que dix orateurs auront parlé, si l'on juge la discussion assez débattue, on aille aux voix ». Un débat s'institue où furent mis en avant tous les arguments qui peuvent être imaginés sur la question. Garat, le cardinal de la Luzerne firent observer que « cela ne s'était jamais fait ». Finalement, la proposition Bouche ne fut pas prise en considération.

On trouve un écho des préoccupations qui l'ont inspirée dans la proposition formulée par M. de Montbron en 1821. Mais le député censitaire était beaucoup plus réservé. Il ne proposait pas une limitation brutale du temps de parole. Il suggérait simplement que l'orateur fût rappelé à la discrétion par une « pendule petite mais de timbre très fort » qui serait placée sur la tribune et sonnerait bruyamment tous les quarts d'heure. Cette idée fut accueillie par des « mouvements divers » et n'eut pas d'autre suite.

Le 27 mars 1882, M. Thomas déposait une proposition limitant à une heure la durée des discours ; le 17 juin 1891, M. Jules Ferry demandait que la Chambre pût, par une décision spéciale, fixer cette durée à un maximum d'une heure ou d'une demi-heure ; une proposition de M. Beaugain du 3 novembre 1910 avait le même objet. Mais ces diverses propositions ne furent l'objet d'aucun examen.

Au cours de la XIIe législature (1919-1924) la Chambre s'est engagée dans la voie de la limitation de la parole mais sur des points de détail. Sur l'initiative de M. Groussier et au rapport de M. Joseph Barthélemy, elle apporta à son règlement diverses retouches toutes inspirées par ce principe que, pour les débats de procédure, le temps de parole et le nombre des orateurs seraient limités.

Pendant la même période, M. Paul Raynaud, avait déposé une proposition tendant à réglementer d'une façon générale le droit de parole. Mais le rapport que M. Regaud déposa sur cette initiative ne vint jamais en discussion. La foi manquait.

Le 4 février 1926, M. Renaudel déposait un proposition complexe dont il indiquait l'esprit dans ces termes : « Les propositions que nous présentons ont surtout pour objet de limiter le temps de parole et le nombre des orateurs et d'accélérer ainsi le rythme des résultats du travail parlementaire ». Cette initiative a une grande importance historique. Elle prouvait que le parti socialiste était acquis à la réforme et que, par conséquent, les temps étaient venus de la réaliser.

Comment expliquer qu'une idée aussi ancienne ait attendu près d'un siècle et demi avant d'être réalisée ?

C'est d'abord que, dans les débuts du régime représentatif le mal n'était pas aussi grand qu'aujourd'hui, soit qu'on le considérât en lui-même soit qu'on le considérât au contraire par rapport aux besoins dont il empêchait la satisfaction. Le 3 août 1789, Garat, conférencier élégant, lauréat de l'Académie française, professeur d'histoire à l'Athénée de Paris pouvait rendre à ses collègues de la Constituante cet hommage : « Si je ne m'excepte, il n'y a personne ici qui ait abusé de la parole ». Mais alors le régime représentatif n'avait encore que quelques mois.

L'idée de limiter la parole se heurte aussi « dans les Assemblées » à un sentiment d'amour propre, qu'il est très facile de dresser contre les propositions. C'est ce genre d'arguments auxquels, en 1821, fit appel Benjamin Constant, lorsqu'il s'opposa à toute espèce de réglementation et de sanction ; le grand libéral estimait qu'il était de la dignité du parlement de n'admettre que la discipline volontaire appuyée par l'autorité présidentielle.

Ce qui a retardé la réforme, c'est le poids de la tradition, la timidité devant une institution nouvelle, le misonéisme en un mot.

« Jamais, s'écriait Mounier le 3 août 1789, jamais on ne
s'est avisé de circonscrire les mouvements du génie et de
l'éloquence ». M. de Clermont invoque les précédents du Parlement britannique, sur lesquels s'appuie également M. de
La Luzerne, évêque de Langres : « Circonscrire l'opinion,
enchaîner la pensée, donner des limites au développement
d'une idée salutaire, dévouer à un pareil esclavage les produc-
tions de l'esprit public, asservir à une pendule les émana-
tions d'un cerveau politique, comparer la raison de chaque
représentant d'une nation vive et spirituelle, est une idée trop
nouvelle pour le xviii⁰ siècle et pour une assemblée législative qui, après 200 ans de despotisme, a besoin de dire et de
faire tant de choses pour la liberté publique. A-t-on jamais
proposé dans le sénat britannique de rendre prisonniers, sous
la tyrannie de l'heure et du cadran qui l'indique, l'éloquence
de Pitt ou l'énergie de Fox? ».

L'argumentation la plus forte contre toute espèce de réglementation des débats est celle qu'a exposée Benjamin Constant
dans son discours du 6 avril 1821 (*Archives parlementaires*,
t. XXX, p. 608). Le grand écrivain, qui a enseigné les idées
constitutionnelles à la bourgeoisie libérale du xix⁰ siècle s'op-
posait à tout perfectionnement imposé des méthodes parlementaires en invoquant l'exemple de la Chambre des communes.
Et comme les raisonnements politiques se posaient il y a cent
ans dans la même forme qu'aujourd'hui, l'auteur d'*Adolphe*
et du *Cours de politique constitutionnelle* combattait l'argument
de ses adversaires : « On nous a parlé de temps devenus plus
difficiles ... ». Et il ne croyait pas que ces temps difficiles
fussent arrivés. Lorsqu'on vit que la livre grimpait vers 240 et
que le franc courait vers zéro, il fallut bien se convaincre,
si les autres événements ne l'avaient pas déjà démontré que
les temps difficiles étaient bien arrivés.

La plus grosse objection à surmonter était incontestablement celle qui invoquait la liberté de discussion. Il fallut
longtemps pour se convaincre qu'un discours ne devient pas
plus républicain à mesure qu'il se prolonge et notamment
lorsqu'il a dépassé l'heure. Il fallut aussi démontrer que la
liberté de chacun doit se concilier avec la liberté de l'assem-

blée et avec la liberté de tous. Si quinze orateurs sont inscrits et si les trois premiers absorbent la totalité du temps
dont dispose la Chambre, il en est douze dont la liberté est
violée. Ainsi, il a fallu plus d'un siècle pour que triomphe
dans le règlement la définition que la Déclaration des droits
donne dans son article 4 : « La liberté consiste à faire tout ce
qui ne nuit pas à autrui... ».

**

La disposition capitale en même temps que la plus origi-
nale de la résolution du 15 juillet 1926 est celle qui est con-
tenue dans son article premier modifiant l'article 41 du Règlement. C'est celle qui assigne un maximum à tous les discours,
quels qu'ils soient, prononcés par des membres de la Chambre.

Avec quelle mesure de technique réglementaire allait-on
réaliser cette limitation ?

Il y avait d'abord le système anglais. C'est de laisser à l'appréciation du président la limitation d'un discours lorsqu'il
le trouve trop long. Le *standing order* n° 19 interdit aux
membres des Communes les digressions ou répétitions. Un
membre qui sort de la question, qui a recours à de persistan-
tes digressions, peut se voir retirer la parole par le président.
Est assimilée aux digressions la répétition fréquente des
mêmes arguments par l'orateur ou par d'autres membres. Le
président donne à l'orateur cet avertissement préalable :
« Vous fatiguez la Chambre par vos fastidieuses répétitions »
Erskine May, *Lois, privilèges, procédures et usages du Parlement*, t. 1, p. 339). Puis, il lui retire la parole. Ce système
est celui pour lequel semblait pancher M. Léon Blum dans son
discours du 15 juillet. Mais l'autorité présidentielle, ruinée
par une longue tradition, ne peut pas être rétablie par une
résolution ou un vœu.

La pratique anglaise offrait aussi à la Chambre le système
de la *guillotine* sur l'ensemble ou par compartiments. Dans ce
système, au début d'un débat, la Chambre limite sur la proposition du gouvernement, le temps qui sera consacré à ce

débat. Elle décide par exemple que, tel jour, à telle heure, elle votera sur l'article premier ; à tels autres moments sur chacun des articles suivants ; enfin, à telle heure, sur l'ensemble. Ce système avait été imaginé en Angleterre pour briser l'obstruction. Il a l'avantage d'avertir à temps tous les députés pour qu'ils soient présents en vue du vote en personne. Mais il ne peut être qu'un procédé exceptionnel et de circonstance : il est brutal et quand il n'est pas accompagné d'une limitation de la durée des discours, il conduit à la clôture avant que les opinions diverses aient pu se faire jour et empêche par conséquent d'éclairer le débat.

Le système belge donne à la Chambre la faculté de fixer un maximum au temps de parole au seuil d'un débat et pour ce débat seulement : « La Chambre, dit l'article 23 du règlement belge, pourra toujours décider que, dans une discussion, les orateurs autres que les ministres ou les rapporteurs ne pourront parler que pendant un temps déterminé ».

La Chambre française a préféré poser des règles générales applicables à tous les débats quelle que soit l'espèce mise en discussion.

La réglementation est dominée par une distinction fondamentale suivant la nature des débats.

S'il s'agit des débats *dits de procédure*, il y a : 1° une limitation très stricte du temps de parole ; 2° *une limitation du nombre des orateurs*. Le temps laissé aux orateurs varie de cinq minutes à une demie-heure. En général on admet un orateur dans un sens et un dans l'autre ; on prévoit cependant que le gouvernement pourra toujours intervenir et qu'on a toujours le droit de répondre à un ministre. Sur la clôture, on n'admet qu'un seul orateur disposant de cinq minutes.

Quant aux débats sur le fond, on peut dégager de la résolution trois règles principales : 1° le nombre des orateurs n'est pas limité, mais la Chambre peut toujours prononcer la clôture ; 2° l'accès de la tribune est facilité aux orateurs les plus qualifiés ; 3° les orateurs qualifiés parleront pendant une heure, les autres pendant un quart d'heure.

1° *Dans les débats au fond, le nombre des orateurs n'est pas limité*. — La résolution du 15 juillet 1926 n'apporte aucune limitation réglementaire au nombre des orateurs. C'est dans chaque espèce que la Chambre sera appelée à définir le moment où elle se trouvera suffisamment éclairée et où elle prononcera la clôture de la discussion. La résolution précise même que le droit pour la Chambre de prononcer la clôture quand elle le veut demeure dans son entier : par conséquent, la Chambre reste maîtresse de prononcer la clôture même si les orateurs « mandatés » n'ont pas tous parlé.

2° *L'accès de la tribune est facilité pour les orateurs les plus qualifiés.* — Le public s'imagine trop souvent qu'un député n'a qu'à suivre un débat et à intervenir au moment où il le juge opportun, s'il a quelque chose à dire. Il n'en est pas ainsi. Il y a le « tour de parole ». On ne peut parler que si on est inscrit; et on parle au tour déterminé par cette inscription. La parole appartient donc au plus adroit, au plus pressé, au plus vigilant, et, si l'on permettait cette expression au plus débrouillard. Elle est la *res nullius* qui appartient au premier occupant. Le règlement autorise les inscriptions à partir du dépôt du rapport ; pratiquement, cette disposition est une des nombreuses qui ne sont pas respectées. On s'inscrit sur une proposition ou un projet dès qu'ils sont déposés. Le secrétariat avait même admis des listes éventuelles d'inscription pour le cas où un projet serait déposé. La parole se gagnait à la course.

Il y a évidemment des privilégiés : ce sont les membres du gouvernement, les rapporteurs et les présidents des commissions.

La résolution du 15 juillet 1926 ajoute à cette liste restreinte les « orateurs mandatés ». Les orateurs désignés par les groupes pour parler en leur nom parleront avant les députés qui n'expriment que leur opinion individuelle. Entre eux, c'est encore l'ordre d'inscription qui détermine l'ordre de parole.

3° Les orateurs les plus qualifiés pourront parler pendant une heure; les autres députés pendant un quart d'heure.

Sont considérés comme les plus qualifiés, les présidents et rapporteurs des commissions, l'auteur de la proposition, l'interpellateur. Il faut noter que l'interpellateur peut parler pendant une heure même s'il n'est pas mandaté par son groupe.

La résolution a entendu garder à l'interpellation son caractère individuel.

La proposition des secrétaires n'attribuait à chaque groupe, quelle que soit son importance numérique, qu'un seul orateur mandaté. La résolution du 15 juillet permet aux groupes importants de désigner un orateur par cinquante ou groupe de cinquante.

Telles sont les grandes lignes du nouveau système.

Tout n'est pas parfait dans les détails. Des retouches ne sont pas impossibles. Par exemple, il est excessif de n'avoir pas donné au rapporteur d'une proposition le droit d'intervenir lorsque la question préalable est demandée sur elle. En fait, voici ce qui se produit : un rapporteur a soigneusement étudié une question. Un député demande la question préalable : pendant une demie-heure, il ne pourra parler et nécessairement sur le fond ; un autre député qui aura pris soin de s'inscrire en hâte pourra parler à son tour. Et le rapporteur qui est certainement le plus au courant de la question assistera muet à ce débat.

La résolution donne une nouvelle consécration et une importance nouvelle aux groupes politiques. On se plaît à rappeler que le président Brisson refusait de laisser parler un orateur au nom de son groupe. Le président de la Chambre entendait ignorer l'existence des groupes ; il n'y avait que des députés. Cette rigueur correspond à une période périmée de l'histoire parlementaire. Les groupes politiques ont aujourd'hui une existence officielle et jouent un rôle dans le fonctionnement de la Chambre : ce sont les groupes qui sont représentés proportionnellement dans les grandes commissions et qui y désignent eux-mêmes leurs représentants. Il est évidemment paradoxal que la Chambre qui a supprimé la proportionnalité dans les élections la conserve pour elle-même. Mais tant que les groupes peuvent nommer les commissaires, il n'y a rien d'extraordinaire à ce qu'ils puissent désigner des orateurs.

Sans doute, cette désignation ne se fait pas sans quelques frottements. Les ambitions se heurtent, les amours-propres s'affrontent et il en résulte quelquefois un peu de mauvaise humeu · contre le groupe et aussi contre la réforme. Mais c'est plutôt rare et on peut être au contraire surpris de la facilité avec laquelle le système a fonctionné et a été accepté.

En fait, les choses se passent le plus simplement du monde. On pourrait croire, à lire le règlement, que les groupes se réunissent continuellement pour désigner des orateurs. En fait, il n'en est rien. Pour qu'un orateur soit considéré comme mandaté, il suffit qu'il présente à la Présidence une attestation du président, du vice-président ou du secrétaire d'un groupe. En fait, le groupe ne se réunit que dans les cas graves et quand il y a compétition.

Evidemment, il est un cas où le système cloche quelque peu : c'est quand il s'agit de la *réunion* des « non inscrits ». Dans ce cas, c'est la seule courtoisie qui donne un mandat à un orateur, puisque les opinions les plus divergentes se rencontrent dans la réunion. L'orateur mandaté exprime une opinion individuelle.

On a d'ailleurs entendu des orateurs mandatés profiter avec ce titre du privilège de l'heure mais préciser en même temps que c'était une opinion individuelle qu'ils exprimaient.

Ce que l'on pouvait redouter, c'est que les dispositions de la résolution restassent lettre morte. Dans un rapport du 3 juin 1925, nous avons dressé un nécrologe très incomplet des dispositions réglementaires inappliquées ou directement violées. En fait et jusqu'à ce jour, la résolution du 15 juillet 1926, a été mise en application de la façon la plus satisfaisante. Ce résultat est dû en grande partie à la personnalité du président Bouisson ; socialiste, il a pu facilement faire accepter le règlement nouveau à un parti que l'on n'outrage pas en constatant qu'il est un des plus turbulents. D'autre part le président Bouisson est par goût personnel partisan des débats brefs et utiles. C'est en veillant énergiquement à l'application de la résolution du 15 juillet qu'il a acquis cette réputation de « technicien du fauteuil » qui l'a fait réélire au lendemain des élections générales de 1928.

Complétée par l'institution de la procédure d'extrême urgence, la résolution du 15 juillet 1926 a permis à la Chambre, sous l'impulsion du gouvernement de M. Poincaré, de voter en temps voulu les mesures de salut nécessaires au relèvement du franc. Elle facilite le vote du budget avant l'ouverture de l'exercice et la suppression des douzièmes provisoires.

La résolution ne porte aucune atteinte à la liberté de discussion ni aux prérogatives du Parlement. Elle organise cette liberté et, en améliorant les méthodes, elle accroît le rendement du travail législatif et concourt à défendre le prestige menacé des institutions parlementaires.

CONCLUSION

Un jour, raconte M. Paléologue, dans son beau livre sur Cavour, un député piémontais croyant faire plaisir au grand italien lui dit : « Ah ! votre tâche serait plus facile sous un régime absolu ». Il riposte avec chaleur : « Vous oubliez que, sous un régime absolu, je n'aurais pas voulu être ministre et, d'ailleurs, je n'aurais pu le devenir. Je suis ce que je suis, parce que j'ai la chance d'être un ministre constitutionnel... Le gouvernement parlementaire a ses inconvénients, comme tous les autres gouvernements : c'est pourtant le meilleur. Je peux m'impatienter de certaines oppositions, les repousser avec vivacité ; mais, en y réfléchissant, je me félicite d'avoir à les combattre, parce qu'elles m'obligent à mieux expliquer mes idées, à redoubler d'efforts pour convaincre l'opinion générale. Un ministre absolu commande; un ministre constitutionnel a besoin de persuader pour se faire obéir. Or, je veux persuader que j'ai raison. Croyez-moi : *la plus mauvaise des Chambres est encore préférable à la meilleure des antichambres* ».

C'est cette pensée du grand patriote de Savoie que nous voulons mettre comme conclusion à cette étude. Elle emprunte aux circonstances une singulière actualité.

Avec le régime parlementaire, Cavour a accompli une grande œuvre. Son autorité s'est exercée uniquement par les méthodes persuasives, dans le respect absolu des garanties constitutionnelles et la stricte observance des principes libéraux.

Le régime parlementaire ne donne évidemment son plein effet que si le chef du gouvernement est une personnalité, douée d'un certain ascendant. L'histoire pourrait fournir de nombreuses illustrations à cette thèse : Cavour, aux environs de 1856, Thiers devant l'assemblée nationale; mais est-il besoin de remonter si loin et si haut. M. Poincaré vient d'accomplir une œuvre impressionnante de relèvement financier sans réclamer d'autres moyens que la discussion publique sous le contrôle des Chambres.

Le régime démocratique ne peut pas vivre sans autorité. L'Amérique se vante d'avoir échappé à la crise parce qu'elle a conservé l'autorité constitutionnellement organisée. M. Lawrence Lowell a envoyé sur ce point une remarquable étude à l'Institut de droit public. Quant à nous, nous croyons que pour l'Europe et notamment pour la France il vaut mieux la dictature de persuasion du président du conseil que l'autorité d'un président de la République élu par le peuple.

*
* *

Il est bien facile de nier totalement l'actif d'un régime. Pour répondre aux détracteurs de la monarchie de juillet, M. de Montalivet publiait son livre : « *Rien* » avec ce sous-titre : « 18 années de gouvernement parlementaire ». C'est un titre qui pourrait encore servir, car les méthodes polémiques n'ont guère varié. Le régime parlementaire a montré par son action qu'il n'est pas stérile et qu'il est capable de suite dans les idées. La République parlementaire a construit un domaine colonial qui n'est pas sans grandeur : Madagascar, le Tonkin, la Tunisie, le Maroc, l'achèvement de l'œuvre commencée par les prédécesseurs ... On peut ne pas aimer l'édifice de l'instruction publique créé par la République; on peut même le détester; en nier l'importance, c'est nier l'évidence. L'œuvre sociale, l'œuvre d'assistance avec le couronnement des assurances sociales s'est poursuivie, pas à pas, en progressant méthodiquement suivant un plan préconçu. M. Tardieu, dans un récent discours, montrait le plan de grands travaux publics réalisé sans à-coups avec un esprit de suite admirable; il rappelait qu'au cours de ces derniers mois l'électricité a été amenée dans près de quatre mille communes. C'est le régime parlementaire qui a mené la guerre « jusqu'au bout », jusqu'à la victoire, tandis que les régimes non démocratiques ne pouvaient résister à l'épreuve. C'est la démocratie parlementaire qui a restauré les régions dévastées et présidé, sans convulsions, aux heures si difficiles de l'après-guerre. Tout cela n'est pas rien.

Récemment dans l'*Illustration* M. Ludovic Naudeau voyait la condamnation du régime dans ce fait qu'il n'a pas résolu le problème de la natalité. Or le problème de la natalité vient de naître en Italie, avec le fascisme. C'est un fait. Nous ne disons pas : *post hoc, ergo propter hoc.*

Nos conclusions sont nettes. L'examen des faits et l'étude de la crise présente nous confirment dans nos doctrines démocratiques et libérales.

La liberté a ses inconvénients et ses périls, mais elle demeure la meilleure garantie des intérêts sociaux ; les gouvernements ont besoin qu'on leur résiste, qu'on leur dénonce continuellement leurs erreurs, leurs négligences, leurs maladresses.

C'est, je crois, Machiavel qui a dit que les problèmes politiques seraient trop simples et faciles s'ils offraient le choix entre le bien et le mal ; il faut en réalité choisir entre le mauvais et le pire. Dans la balance où l'on pèse les systèmes, il faut mettre les avantages et les inconvénients. C'est après un examen de cette nature que l'on doit opter décidément pour la liberté.

M. Georgues Guy-Grand, dans son dernier livre (1) qui est la meilleure apologie de la démocratie parce qu'elle est la plus sincère, ne s'en dissimule pas les inconvénients et il

______
(1) L'*Avenir de la Démocratie.*

conclut : « un immense travail d'éducation s'impose. Tout au bas et par l'école, éducation du citoyen. Puis discipline du parlement et des gouvernants, pour les mettre en état de réaliser progressivement l'idéal de justice. Discipline enfin des élites, que doivent écouter les corps politiques mais qui doivent à leur tour comprendre ce qu'il y a de profond dans les aspirations populaires ».

On entonne des dithyrambes en l'honneur du suffrage universel lorsque l'on ne l'a pas encore. Dès qu'on l'a on devient nécessairement plus modéré. Mais la leçon des faits, c'est que le suffrage universel est la grande force statique, conservatrice de l'âge moderne. En Allemagne, le referendum a repoussé la confiscation des biens des princes. En France, ses oscillations sont insignifiantes ; il avance par un mouvement lent et continu.

Un des chevau-légers de l'Assemblée nationale, M. de Belcastel disait que le suffrage universel est « la source impure mais unique du pouvoir ». Pour un peuple majeur, c'est aussi la seule source légitime.

Dans les *Nouveaux lundis* (t. I, p. 156), Sainte-Beuve voulant trouver une justification à sa conversion à l'Empire, affirmait que la question du principe démocratique est une question de fait. La vraie solution pratique, disait-il, consiste à savoir si telle nation, dans telles circonstances données, avec son honneur, son génie, son passé récent, son culte des souvenirs ... peut et veut se gouverner soi-même par des représentants directement élus et si ce gouvernement de soi-même par soi-même n'aboutirait pas à la ruine de tout gouvernement, à l'anarchie et à la subversion.

Nous ne contesterons pas, avec l'illustre critique, l'importance primordiale des faits dans la science politique. Les principes premiers et universels sont des phares qui éclairent la route des peuples ; ce serait folie d'y marcher droit dessus pour s'y briser. Tout régime politique se doit de servir la nation. Le meilleur est celui qui est le mieux adapté aux circonstances et aux caractères nationaux. C'est bien entendu.

Mais je dis que plus un peuple est civilisé, plus il *éprouve le besoin* de se gouverner lui-même et plus aussi *il a droit* à se gouverner lui-même. Je dis aussi que le devoir des gouvernants est de conduire les peuples vers leur majorité. Et je conclus enfin que la liberté démocratique est le régime des peuples majeurs.

JOSEPH BARTHÉLEMY,
Membre de l'Institut.

LAVAL. — IMPRIMERIE BARNÉOUD.